나를 일깨우는 용수 스님의
명상 필사집 02

용기

글 · 용수

스토리닷

차례

티베트불교와 인연되기를

들어가는 글

티베트불교와 인연되기를

한국에 와서 가장 힘든 게 뭐냐고 사람들이 종종 물어봅니다. 말과 행동이 다른 것이 가장 힘든 것이 아닐까 싶어요.

몇 년 전, 은사 스님과 통화하면서 저는 한국에서 제가 무엇을 하고 있는지 잘 모르겠다고, 티베트불교라는 엄청나게 수승한 전통을 전하는 것에 자신이 없다고 하소연한 적이 있습니다. 그때 린포체께서 이렇게 말씀해 주셨어요.

"그들보다는 많이 알잖아."

여러분보다 조금 더 먼저 티베트불교를 접했고, 조금 더 많이 안다는 가정하에, 스승님들의 비할 데 없이 고귀한 가르침을 이 필사책을 통해 전하고자 했습니다.

거의 매일 아침 글을 써서 보내온 지도 10년이 넘은 것 같아요. 저도 제 글도 조금씩 달라지는 것 같아요. 제 마음에서 일어나는 현상을 글로 풀어내다 보면 많은 자각과 통찰이 오고, 치유되는 경우도 많았습니다. 이번 필사책도 지난 2년간의 기록으로, 제 일기장과 크게 다르지 않다고 생각합니다. 화가 나 있는 상태에서 화내지 말라고 했고, 우울한 마음으로 우울을 다루는 방법을 제시한 겁니다. 글을 여러분께 보낼 때마다 메아리처럼 스승님의 목소리가 들립니다.

"너나 잘해라."

누군가에게 가르침을 주는 글이기보다는, 저 자신을 위한 공부로 받아주시면 좋겠습니다. 글을 쓸 때마다 매 순간 마음을 비우고, 그 비움 속에서 스승님의 목소리가 저를 통해 나오는 것 같아, 그 자체로 가치가 없지는 않은 것 같습니다.

이 필사책을 통해 티베트불교의 간단 명백하면서도 따뜻하고 심오한 가르침, 그리고 한없이 자비로운 스승님들과 인연이 되기를 간절히 바랍니다. 이 필사책의 공덕이 있다면, 스승님들의 건강과 장수, 그리고 여러분을 비롯한 모든 중생의 해탈과 행복에 회향합니다.

오늘 하루가 전환점입니다

오늘 하루가 전환점입니다

용기를 가지고 살아라

용기를 가지고 살아라.

용기란 열림이다.

모든 회피 전략을 내려놓고 매일, 매 순간을 열린 마음으로 마주하는 것.

오늘 하루를 살 뿐, 여기 이 순간을 살 뿐.

용기를 가지고 살아라.

용기란 '모른다'는 것이다.

통제하려는 마음을 놓고, 삶의 불확실성을 온전히 받아들이는 것.

알 필요 없는 마음, 통제할 필요 없는 마음으로 사는 용기.

이것이야말로 모든 것의 진짜 본성인 공(空)을 인정하는 용기이다.

용기를 가지고 살아라.

용기란 '괜찮다'는 것이다.

몸과 마음이 어쨌든, 나는 최선을 다할 것이다.

무슨 일이 있든, 나는 계속 앞으로 나갈 것이다.

누가 뭐라 하든, 나는 나를 안다.

용기를 가지고 살아라.

용기란 자기 자신에게 친절한 것이다.

오늘 하루가 전환점입니다

내면의 비판자를 마주하고 '그만, 이제 됐어'라고 말하는 것.

지금 있는 대로 시작하는 것.

나에게 시간을 주고, 공간을 주고, 나를 기다려주는 것.

용기를 가지고 살아라.

용기란 '조금씩, 조금씩'이다.

1도만 방향을 바꾸는 것.

한 걸음씩 나아가는 것.

작은 성취에도 기뻐하는 것.

천천히, 그러나 꾸준히 나가는 것.

용기를 가지고 살아라. 용기를 가지고 살아라. 용기를 가지고 살아라.

오늘 하루가 전환점입니다

의도를 가지세요

혼자 있을 때 깨어있겠다는 명확하고 확고한 의도를 가지세요. 사람들과 같이 있을 때 깨어있겠다는 명확하고 확고한 의도를 가지세요. 강의나 발표할 때 깨어있겠다는 명확하고 확고한 의도를 가지세요. 글을 작성할 때나 그림을 그릴 때나 깨어있겠다는 명확하고 확고한 의도를 가지세요. 중요한 면접이나 시험을 볼 때 깨어있겠다는 명확하고 확고한 의도를 가지세요.

　지혜와 직관과 창의성은 생각을 놓은 자리에서 한없이 일어나요. 이게 알아차림입니다. 알아차림을 갖기 위해 명확하고 확고한 의도가 있어야 합니다. 의도 없이는 생각만 굴리고 무의식적으로 살기 마련입니다. 의도의 힘이 수행의 힘이며 마음의 힘입니다.

오늘 하루가 전환점입니다

원에 달려 있어요

수행은 원에 달려 있어요. 얼마나 깨어나고 싶은지, 얼마나 깨어있고 싶은지, 얼마나 깨닫고 싶은지, 여기에 달려 있어요.

사실은 모든 것이 원에 달려 있어요. 얼마나 원하는지에 따라서 결과를 갖게 되어요. 간절히 부자가 되고 싶으면 돈을 벌 수 있어요. 영어를 지극히 배우고 싶으면 틀림없이 영어를 배워요.

무지로부터 깨어나서 알아차림과 함께 하고 싶은 바로 그만큼 할 수 있는 거예요. 수행은 얼마나 원하는지에 달려 있어요. 조금 원하면 조금 수행할 수 있고 적당히 원하면 적당히 수행할 수 있고 지극히 원하면 지극히 수행하게 되어요. 수행은 주인이 없다고 해요. 가장 열심히 하는 사람이 주인이 된다고 해요.

오늘 하루가 전환점입니다

슬픔을 환영하세요

아픔을 못 느끼면 행복도 못 느껴요. 슬픔을 못 느끼면 기쁨도 못 느껴요. 평생 고통으로부터 도망치고 살았어요. 여러 방식으로 고통을 안 느끼려고 머리를 썼어요. 수행도 고통을 피하려고 합니다. 외면의 대가로서 마음은 공허하고 무감각하고 몸은 무기력합니다.

도피의 모든 전략과 방법을 알아보고 버려야지 감각이 돌아옵니다. 연못 속에 진흙처럼 잘 보이지 않아서 우리 몰래 작동하고 있어요. 완벽주의, 바쁘게 지내는 것, 자기 비하와 혐오, 자해, 일에 몰입하는 것, 고립된 삶, 중독, 폭식, 야식, 화면을 너무 많이 보는 것. 외면의 형태가 너무 많아요. 어떻게 보면 윤회 전체가 외면이라고 할 수 있어요.

아픔을 느껴 보세요. 슬픔을 환영하세요. 고통을 싫어하지 마세요. 행복의 관문이 고통이며 기쁨의 관문은 슬픔입니다. 지혜의 관문은 번뇌이며 실상을 알려면 고통을 직면해야 합니다. 행복도 고통도 마음이며 마음은 실체가 없어요. 고통을 느끼면 이것을 알게 되어요. 공하면서 명료한 마음과 늘 함께하세요. 나머지는 전부 다 허상입니다.

오늘 하루가 전환점입니다

살아있다는 것

부처님께서 깨달으신 고苦(두카)는 행복하지 못한 것입니다. 사는 곳에서 행복하지 못하고 직장에서 행복하지 못하고 배우자와 식구로부터 행복하지 못하고 몸매와 미모에 행복하지 못하고 수행에 행복하지 못하고 인생에 행복하지 못한 것입니다.

살아있는 자체가 최고의 선물입니다. 죽을 뻔했는데 살아났으면 이 사실을 알죠. 보고 듣고 느끼고 걸을 수 있고 밥 먹을 수 있는 게 크나큰 축복입니다. 몸을 다치면 이 사실을 알게 되죠.

살아있는 자체가 축복이며 행복입니다. 이 사실을 모르고 계속 무엇을 찾고 바랍니다. 따라서 걱정과 두려움이 와요. 바람과 두려움으로 행복하지 못합니다. 수행은 바람과 두려움을 닦는 것인데 수행도 바람과 두려움으로 하게 됩니다.

행복하게 살고 수행하고 싶으면 바람과 두려움 없이 해야 합니다. 지족과 감사로 살고 지족과 감사로 수행하는 겁니다. 복이 하나도 없는 것처럼 살 수 있고 모든 것이 복인 것처럼 살 수 있어요.

오늘 하루가 전환점입니다

수행의 5가지 조건

수행을 오래 했는데 변하지 않고 계속 장애가 생기는 이유는 수행의 조건이 부족해서입니다. 된장찌개 같은 간단한 요리도 모든 조건이 있어야 완성할 수 있는 것처럼 수행의 구체적인 조건들이 있어요. 그 하나만 없어도 수행의 결과를 보기가 어려워요. 수행의 조건은 5가지 종류로 나눌 수 있어요.

1. **수행할 수 있는 자유**: 건전한 몸으로 수행할 수 있는 나라에 살고 있는 것입니다.

2. **개인적 조건**: 장애가 없는 인간의 몸으로 부처님의 법을 받아들이고 법과 어긋나지 않는 생활을 하는 것입니다.

3. **상황적 조건**: 법맥이 있는 바른 스승과 수행할 수 있는 것입니다.

오늘 하루가 전환점입니다

4. **수행을 못 하게 하는 장애**: 식구와 너무 밀접한 관계로 탐진치가 너무 강한 것, 머리가 너무 안 좋은 것, 옳지 않은 스승을 따르는 것, 너무 게으른 것, 업이 너무 두꺼운 것, 누구의 노예처럼 자유롭지 못한 것, 생계를 위해 수행하는 것, 돈과 명예를 위해서 수행하는 것입니다.

5. **수행을 못 하게 하는 경향**: 세속 일에 너무 엉켜있어서 수행할 시간이 없는 것, 본래 성질이 몹시 나쁜 것, 윤회를 믿지 않아서 악업의 결과를 두려워하지 않는 것, 가르침과 스승에 대한 신심이 하나도 없는 것, 말과 행동을 통제 못하고 나쁜 행동을 누리는 것, 수행에 관심이 하나도 없는 것, 계율을 자꾸 어기는 것입니다.

수행의 조건이 있는지 스스로 살펴서 있으면 기뻐하고 없으면 갖추도록 해야 합니다. 수행의 모든 조건이 돼야지 마음이 변하고 수행을 제대로 할 수 있어요.

『위대한 스승의 가르침』에서 수행의 조건을 정리했습니다.

오늘 하루가 전환점입니다

오늘 하루가 전환점

이생은 전환점이라고 합니다. 이생은 매우 짧지만, 미래생은 매우 길다고 합니다. 이 짧은 한 생을 어떻게 사는지 따라서 길고 긴 미래를 결정한다고 합니다.

인간의 몸은 고통의 바다를 건너서 해탈로 도착하는 배가 될 수 있고 아니면 윤회 속으로 더 깊이 빠지게 하는 닻이 될 수 있다고 해요. 인간의 몸보다 더 유리한 탄생이 없지만 동시에 인간만큼 악업을 쉽게 빨리 쌓을 수 있는 탄생도 없다고 해요. 인간만큼 용감한 존재가 없고 인간만큼 나쁜 동물이 없다고 합니다.

잘 활용하면 이생과 미래생 동안 모든 소원을 이뤄주는 여의주가 됩니다. 잘 못 활용하면 삼악도에 영원토록 빠지게 하는 계기가 될 수 있어요.

오늘 하루가 바로 그 전환점입니다. 오늘따라 내일이 결정되며 내일따라 미래가 결정됩니다. 귀한 인간의 몸! 귀하게 써야죠.

명상의 5가지 장애

1. **감각적 욕망**: 감각적 즐거움을 경험하면 같은 경험을 반복하고 싶어요. 경험을 반복하면 몸에 배어서 계속 원하게 되어요. 수면욕(잠과 편안함에 대한 욕망), 식욕(특히 고기에 대한 욕망), 성욕(가장 끈질기고 강력한 욕망) 감각적 즐거움에 대한 관심이 많을수록 머리를 굴리고 시간을 뺏겨요. 감각적인 욕망에 대한 답은 없어요. 수행으로 대신해서 수행에서 즐거움을 찾을수록 감각적 욕망이 줄어들어요.

2. **미움**: 주변 사람 중에 미운 사람들이 한두 명은 꼭 있어요. 스스로 불행할수록 더 미워요. 가득 찬 불만으로 무엇을 해도 미워요. 스스로 행복하면 미움의 망상이 깨지고 연민심을 가질 수 있어요. 미움의 대상에 대한 자비심을 연습하는 게 가장 중요한 수행입니다. 다른 데에서 수행을 찾지 마세요.

3. **무기력**: 요즘 사람들은 다 무기력해요. 현대사회에 사는 대가입니다. 화면을 보는 시간을 줄여야 합니다. 정말 재미있을 때는 봐도 되지만 재미없으면서 보는 것은 인제 그만 하세요. 몸을 움직여야 합니다. 아침에 일어나서 빈속에 운동하면 대사 작용을 활성화해서 하루 종일 에너지가 있어요. 걸으면 정신은 명료하고 마음은 편안합니다.

오늘 하루가 전환점입니다

4. **초조함과 불안**: 요즘 사람들은 마음이 너무 산만하고 집중력이 없어요. 이것도 화면을 너무 많이 봐서 생기는 현상입니다. 좌선해야 합니다. 운동처럼 현대인들이 꼭 해야 하는 것이 방석에 앉아서 마음을 고요히 하는 겁니다. 매일 같이 안 하면 감정에 휩쓸리고 불안할 수밖에 없어요.

5. **의심**: 뭐가 뭔지 잘 모르겠고 마음이 흐리고 우울합니다. 가르침도 스승도 잘 모르겠고 미래가 어두워요. 수행에 대한 자신감이 없어질 때 변화의 계기로 삼아서 다시 마음을 먹고 다짐하세요. 낙담에 빠지지 않도록 주의해서 다시 일어서세요. 온 마음 다해 모든 중생을 위하여 성불하겠다고 결심하세요.

오늘 하루가 전환점입니다

환기가 답입니다

우리의 문제는 답답한 거예요. 집이 답답한 것처럼 마음이 답답합니다. 삶이 답답합니다. 답답한 이유는 원하는 삶을 살지 못해서입니다. 욕구와 현황의 격차 때문입니다. 하루하루 욕구를 충족시키지 못해서 답답함이 쌓여요.

수행을 제대로 못 해서 답답하고 인정을 못 받아서 답답하고 습관에 매달려서 답답하고 원하는 것을 갖지 못해서 답답합니다.

답답함은 분노와 슬픔과 불안과 남 탓하는 것과 자기 비난으로 나타납니다. 답답함을 풀 수 있는 출구가 필요합니다.

제일 좋은 방법은 명상, 감정을 친절하게 살피는 겁니다. 그러면 저절로 풀려요. 답답함도 환영뿐이고 실제로 있지 않다는 것을 알게 되는 게 최고의 방법입니다. 원래 답답할 게 없다는 거예요.

때로는 다른 사람과 얘기해서 풀 수도 있어요. 듣는 사람들이 있어서 다행입니다. 집도 답답하면 환기를 시키는 것처럼 마음도 환기가 필요해요.

관계가 너무 답답하면 좀 멀리하는 것도 좋아요. 같이 살아서 피할 수 없다면 같이 있는 시간을 친절하게 피하는 것도 괜찮아요.

직장이 너무 답답하면 좀 쉬거나 그만두는 것도 방법입니다.

운동도 여행도 휴가도 답답함을 푸는 데 도움이 될 수 있어요. 차를 몰고 길게 드라이브하는 것도 좋아요. 혼자서 어디 안 가본 데 갔다 오는 것도 좋아요. 조금 답답하면 하루 등산하고 정말 답답하면 지리산 완주를 해 보세요.

무엇보다도 규칙적으로 답답함을 푸는 출구가 있어야 합니다. 매일 하는 운동과 수행이 필요합니다. 집도 몸도 마음도 환기가 답입니다.

오늘 하루가 전환점입니다

수행의 기초

운동선수들이 슬럼프에 빠질 때 기초로 돌아와서 기초를 튼튼하게 한다고 합니다. 그러면 다시 잘하게 됩니다. 수행도 잘 안될 때 기초로 돌아와서 기초를 튼튼하게 하면 수행이 잘 됩니다.

수행의 기초는 죽을 운명을 아는 겁니다. 이생의 덧없는 본질을 생생하게 알아차려야 수행을 바르게, 제대로 할 수 있어요. 이생이 끝날 줄 알면 게으를 수 없고 자신과 남들에게 해가 되는 행동을 할 수 없어요. 게으름을 피고 욕망을 부리고 다른 사람을 원망할 시간이 없어요. 시간의 한계를 알면 시간을 허비할 수가 없어요.

시간이 다하고 있어요. 시간이 다하고 있다는 것을 알면 시간을 허비할 수 없어요. 시간이 없어요. 시간이 없다는 것을 알면 시간을 허비할 수 없어요.

수행의 장애는 딱 하나예요. 마음을 뺏기는 거예요. 죽을 줄 알면 수행의 장애가 없어요. 죽을 줄 알면 과거로 우울할 시간과 미래로 걱정할 시간이 없어요. 죽을 줄 알면 수행 말고는 다른 것 할 시간이 없어요.

여생 동안 매일, 매시간 죽는 순간을 기대하고 상상하고 준비해야 정말 살 수 있어요. 죽음을 몰라서 이미 죽은 것처럼 살고 있어요. 죽을 줄 알면 살아납니다.

허깨비

모든 고통의 원인은 자기 집착입니다. 자기 비하도 자기혐오도 자기 집착입니다. 자기애도 자기도취도 자기 집착입니다. 그런데 자기라고 생각하는 것은 실제로 있지 않습니다. 허깨비입니다. 상상뿐입니다.

자기 집착에서 벗어나는 유일한 길은 자기를 정의하지 않는 겁니다. 좋든 나쁘든 그것은 자기가 아닙니다. 자기라고 착각하는 모든 것을 알아보고 알아내면 정말 자기를 알 수 있어요. 정말 자기는 개념으로 알 수 없어요. 자기만 자기를 알아볼 수 있고 주체 객체 행위를 벗어난 체험입니다. 체험은 할 수 있지만 말로 표현하기가 어려워요.

자기를 정의할수록 실재하지 않는 자기를 구체화할 뿐입니다. 해탈의 유일한 길은 자기라고 생각하는 모든 것을 거부하는 겁니다.

오늘 하루가 전환점입니다

용기가 필요합니다

도망가지 않고 자신을 만나기 위해 용기가 필요합니다. 평생 고통으로부터 도망가고 문제를 외면했기 때문에 그저 살아있는 것이 아파요. 여기 이 순간에 깨어있는 것이 불쾌할 수 있어요. 불쾌함이 좋은 것이고 불편함이 좋은 것이고 아픔이 좋은 것이에요. 뭐라도 느끼는 것은 좋은 것이에요. 우리는 무감해져서 뭐라도 절실히 느끼고 싶어요. 아픔을 느낄 수 있으면 기쁨도 느낄 수 있어요.

항상 좋아야 하고 잘해야 되고 행복해야 한다는 정신이 사람을 죽이고 있어요. 너무 비현실적인 생각인데 이런 정신으로 살고 있어요. 어떻게 항상 다 좋을 수 있어요?

실제로 사는 것을 배워야 합니다. 타고난 상식이 있어요. 알아차림은 현실로 깨어나는 겁니다.

행복도 고통도 사기입니다. 이제 더 이상 속지 말고 그저 살아있을 수 있는 용기를 가져 보세요.

오늘 하루가 전환점입니다

있어도 없어도 된다

무엇을 꼭 가지고 싶을 때 못 가질까 봐 마음이 불안합니다. 가지고 싶지만 안 가져도 된다는 마음을 가져 보세요. 마음이 불안하지 않고 편안합니다. 그 어떤 것도, 그 어떤 사람도 꼭 가질 필요는 없어요.

너무 결혼하고 싶으면 결혼을 못 합니다. 너무 집착하고 놓칠까 봐 불안하면 구혼자가 있어도 부담스러워서 도망가요.

모든 경우에 있으면 좋지만 없어도 된다는 마음이 있어야 합니다. 결혼을 잘할 수 있는 비결은, 좋은 집을 구 할 수 있는 비결은 체념하지 않고 인연을 기다리는 겁니다. 너무 급하고 집착하는 마음이 있으면 생각을 제대로 못 해서 후회할 결정을 하게 됩니다. 있어도 없어도 된다면 마음이 편안하고 명료해서 결정을 잘할 수 있어요.

오늘 하루가 전환점입니다

다 내려놓을 때

평화로 가는 길이 없어요. 평화롭게 가야 합니다.
깨달음으로 가는 길이 없어요. 깨달음으로 가야 합니다.
자유로 가는 길이 없어요. 자유롭게 가야 합니다.
행복으로 가는 길이 없어요. 행복하게 가야 합니다.
사랑으로 가는 길이 없어요. 사랑으로 가야 합니다.

자유를 찾고 있는 한 결코 자유롭지 못 해요. 행복을 찾고 있는 한 행복이 항상 한 걸음 앞에 있어요.

자유와 행복과 평화와 사랑과 깨달음은 항상 여기 이 순간에 마치 우리를 기다리는 것처럼, 항상 준비된 것처럼 찾는 마음을 버린 자리에 있어요.

눈을 눈으로 볼 수 없듯이 찾고 있으면 찾을 수 없고 보려면 볼 수 없어요. 다 내려놓을 때 저절로 일어나는 게 평화와 사랑, 자유와 깨달음입니다.

부족한 여기 순간은 없고 삶 자체가 은혜이며 찾고 있는 행복과 사랑은 바로 자신입니다. 행복을 뒤쫓는 하루를 살 수 있고 아니면 행복하게 하루를 살 수 있어요.

오늘 하루가 전환점입니다

간절함

일념(一念)과 전심(全心)이 수행 성취의 길이다. 수행의 길은 파트타임 일이 아니라, 풀타임 일이다. 간절함(懇切)은 깨달음의 가장 중요한 요소일 수 있다.

오늘 하루가 전환점입니다

모든 것은 다 오고 가요

아는 모든 사람은 다 오고 가요. 차라리 혼자 살아서 너무 좋아하지도 미워하지도 않는 마음의 평화를 누려봐요. 모든 사람을 똑같이 아끼는 진정한 사랑을 키워봐요.

여행은 다 오고 가요. 세계 곳곳에 다녔지만 추억 말고는 남는 게 없어요. 차라리 여기 있는 곳을 정토로 누려봐요. 여기 있는 곳만큼 좋은 데 없어요.

음식은 다 오고 가요. 비싸고 맛있는 음식과 똥은 불과 3시간의 차이예요. 수많은 맛집에서 맛난 음식을 먹었지만 뱃살 말고는 남는 게 없어요. 차라리 삼매의 음식을 누려봐요. 늘 배고픈 게 드디어 채워져요.

돈은 다 오고 가요. 돈 벌려고 평생 애 먹었지만 결국 두고 가야 해요. 재산도 욕심 많은 친척이 쓰게 되어요. 차라리 수행과 공덕의 자산을 키워요. 죽을 때도 가져갈 수 있어요.

높은 지위와 명예는 오고 가요. 차라리 모든 사람을 존중하는 겸손한 마음을 키워봐요.

이생에 모든 것은 오고 가요. 오가는 모든 것은 부질없어요. 오고 가지 않는 마음의 본성자리를 깨우치는 데 노력해야죠.

오늘 하루가 전환점입니다

자신을 이기는 사람

인생은 자신과의 싸움입니다. 구체적으로 자기 업과 싸웁니다. 대부분은 업이 이겨요. 매일 업한테 두들겨 맞듯이 습관에 매달려요.

수행으로만 자기 업을 극복할 수 있어요. 수행을 안 하는 사람은 자유의지가 있는 줄 알지만 없어요. 알아차림으로 자유의지가 있는 거예요. 의지력은 억지로 무엇을 할 수 있는 힘이 아니라 알아차림의 힘입니다. 업은 바꾸는 게 아니라 알아차리는 겁니다.

자신을 이기는 사람은 승자(Jina), 부처님이라고 합니다. 이생에는 누가 이길까요?

오늘 하루가 전환점입니다

무명이란

보이는 대로 있지 않아요. 보이는 대로 있다고 생각하는 것이 무명의 구체적인 뜻입니다.

사람들과 시간을 보내면 안 좋게 보이기 시작해요. 자신의 업이 그들로 비쳐서 안 좋게 보이지만 그들이 안 좋은 것처럼 보여요.

보이는 대로 말과 행동을 하면 업을 만들어요. 보이는 것을 보이는 대로 그냥 두고 바르게 말과 행동을 하는 것이 알아차림입니다.

누가 안 좋게 보이는 것은 망상입니다. 그렇게 보이는 것은 어쩔 수 없지만 보이는 대로 있지 않은 줄 알고 항상 다른 사람을 좋게 보도록 하세요. 어떻게 보이든 사랑으로 대하도록 하세요.

오늘 하루가 전환점입니다

그저 깨어있으면

어떻게 해야 할지 모를 때, 무슨 말을 해야 할지 모를 때, 어떻게 해야 할지 알려주는, 무슨 말을 해야 할지 알려주는 마법이 있어요. 알아차림이라고 합니다.

모든 경우에 해야 할 것은 하나예요. 알아차리는 것이에요. 혼자 있어도 같이 있어도 항상 찾아야 할 것이 알아차림이에요.

무엇을 알아차리는 것이 아니라 그냥 알아차리는 것이에요. 무엇을 알아차리면 주체와 객체가 있어서 무엇을 해야 할지, 무슨 말을 해야 할지 몰라요.

그저 깨어있으면 지혜가 저절로 일어나요. 그저 현존하면 현명한 말과 행동을 저절로 하게 되어요. 알아차림으로 모든 것을 하고 알아차림으로 살 수 있어요. 무엇을 알아차리는 것이 아니라 알아차림 자체로 사는 거예요. 순수 알아차림이 진짜 자기예요. 비어있으면서 지혜롭고 자비로운 알아차림, 이게 자기예요. 업으로 살지 말고 자기로 살아요.

오늘 하루가 전환점입니다

현대인의 대표적인 장애들

- **식습관**: 몸에 안 좋은 것을 너무 자주 너무 많이 먹으면 병이 생기기 마련입니다. 히포크라테스의 말처럼 음식을 약으로 삼고 약은 음식으로 해야 합니다.
- **잠습관**: 잠의 질이 삶의 질입니다. 몸도 마음도 편안한 상태로 잠들고 충분히 자는 습관을 만들면 낮에 힘이 있고 마음은 명료합니다.
- **돈습관**: 과잉 소비가 환경 문제의 제일 원인입니다. Less is more! 덜 가지는 것이 더 가지는 것이며 원해서 사면 안 되고 필요해서만 사야지 환경도 자신도 살릴 수 있어요.
- **감각적인 욕망**: 끝이 없고 충족시킬수록 더 공허하고 불행합니다. 욕망의 노예로 살면서 행복할 수 없어요.
- **원한**: 용서를 못해서 원한을 품으면 인생이 틀어지고 건강이 급격히 나빠 집니다. 원망보다 더 파괴적인 게 없어요.
- **시간 허비**: 휴대전화 시대에 멍때리기로 무기력 증상이 심해요. 마음은 초조하고 불안하고 집중이 안 되고 재밌는 게 없어요. 스크린 타임을 줄여야 합니다.

현대인의 장애는 다 비슷비슷합니다. 자신의 장애를 분명히 알아보면 벗어나기 시작합니다.

오늘 하루가 전환점입니다

마음을 쉬는 것과 내는 것

수행은 마음을 쉬는 것과 마음을 내는 겁니다.

분노하는 마음을 쉬고 사랑하는 마음을 내는 겁니다.

질투하는 마음을 쉬고 수희찬탄 하는 마음을 내는 겁니다.

욕심을 쉬고 출리심을 내는 겁니다.

이기심을 쉬고 이타심을 내는 겁니다.

오만을 쉬고 하심을 내는 겁니다.

업을 쉬고 보리심을 내는 겁니다.

부정적인 생각을 쉬고 긍정적인 생각을 내는 겁니다.

못된 마음을 쉬고 선한 마음을 내는 겁니다.

지혜는 마음을 쉬는 것이며 자비는 마음을 내는 겁니다.

마음을 쉬면 고요해요. 마음은 내면 충만해요.

마음을 쉬면 명료해요. 마음을 내면 행복해요.

마음을 쉬는 것만 하면 안 되고 내는 것만 하면 안 됩니다. 보리심이 습관이 되면 쉬는 것만 해도 돼요. 그때까지는 쉬고 내는 것을 같이 연습해야 합니다.

오늘 하루가 전환점입니다

오직 할 뿐

장애가 많은 사람은 생각이 많은 사람이에요. 항상 걸리는 게 생각이에요. 생각 위주로 사는 사람은 제대로 하는 게 없고 되는 일이 없어요. 생각이 많은 것은 업이 많다는 거예요.

행동 위주로 사는 사람은 해내는 게 많고 성공을 해요. 생각이 많이 없다는 것은 걸림이 많이 없다는 것이며 업이 두껍지 않아요.

삶의 비결은 그냥 사는 것이며 성공의 비결은 그냥 하는 것입니다. 오직 모를 뿐! 오직 할 뿐! 이게 삶과 성공의 비결입니다.

오늘 하루가 전환점입니다

만병통치약

삶이 엉망이 아니라 엉망일 때도 있는 거예요. 자신이 엉망이 아니라 엉망일 때도 있는 거예요.

일시적인 경험으로 자신을 정의하지 마세요. 일시적인 현상에 빠지는 것이 장애의 구체적인 뜻입니다. 본질이 없는 것을 큰일로 만드는 게 중생의 드라마 즉 윤회입니다.

하룻밤 푹 자는 것이 만병통치약이에요. 기다려 보는 게 만병통치약입니다. 기다려 주는 게 자신과 타인에게 줄 수 있는 최고의 선물입니다. 개념 짓지 말고 결론 내리지 말고 구체화하지 말고 기다려 보세요. 기다리는 것이 유일무이한 수행입니다. 기다려 보면 인생의 덧없고 실체가 없는 본질을 알게 됩니다.

오늘 하루가 전환점입니다

명상의 첫 번째 단계

자기 마음이
얼마나 산란하고
이기적이고
어리석고
아프고
바보 같다는 것을 알 때
명상을 시작했다는 겁니다.
명상의 첫 번째 단계
폭포 단계에서는
생각이
억수로 많고
억수로 빠르고
억수로 세고
자기중심으로
저절로 돌아가고
있다는 것을 알게 됩니다.
이게 명상하고 있다는
대표적인 표시입니다.

오늘 하루가 전환점입니다

집중이 하나도 안 되고 마음이 아프다는 것을 발견하면 스스로 기뻐하고 축하하세요. 보이지 않았던 마음이 드디어 보이기 시작한 겁니다.

마음을 (생각) 보는 것이 명상이며 마음이 (생각) 보이는 것이 명상의 결과입니다. 마음을 본다는 자체가 마음이 자기가 아니라는 것입니다. 마음이 보인다는 것은 마음과 함께하지 않는다는 겁니다. 마음이 보이면 마음으로부터 자유로워 집니다.

· 여기서 말하는 마음은 습관적으로 생각하는 마음을 의미합니다.

오늘 하루가 전환점입니다

내려놓는다는 것

육아는 답이 없어요. 힘들어요. 직장은 답이 없어요. 힘들어요. 인생은 답이 없어요. 힘들어요.

답이 있다면 '그냥'입니다. 비결이 있다면 '그냥'입니다. 그냥 일어나고 그냥 할 일을 하고 그냥 갈 곳을 가고 그냥 살 것을 사고 그냥 출근하는 겁니다.

그리고 조용히 하는 겁니다. 불평불만을 버리고 그냥 하는 겁니다. 참는 게 아니라 내려놓는 것입니다. 내려놓는 것을 너무 어렵게 생각할 필요 없어요. 스토리를 안 만드는 겁니다. 생각이 이어가지 않는 겁니다. 도움이 되지 않는 생각과 말을 하지 않는 겁니다.

그냥 조용히 앞으로 나가는 겁니다. 그냥 조용히 할 수 있는 만큼 최선을 다하는 겁니다. 그냥 조용히 할 일을 하고 그냥 조용히 사는 겁니다. 이거 말고는 답이 없어요.

오늘 하루가 전환점입니다

역행명상법

- 몸이나 마음이 안 좋을 때 수행의 기회로 삼는다. 안 좋은 상황을 좋게 보는 것이다. 이게 역행명상의 반이다.
- 몸 안에서 원치 않는 기분이나 느낌을 생생하게 살펴본다. 이게 알아차림을 의미하며 알아차림이 있으면 느낌이 허용된다.
- 막상 느껴 보면 불편할 수 있고 불쾌할 수 있지만 문제가 되지 않는다는 것을 깨닫는다. 불편해도 해가 되지 않는다는 것을 깨달으면 불편함이 괜찮아진다.

역행명상을 자주 연습하면 원치 않는 몸과 마음의 현상에 대한 저항이 줄어들고 감당하는 힘이 세집니다. 경험의 무상하고 실체가 없는 본질을 알게 됩니다. 통증이든 우울증이든 덜 무섭고 받아들임의 힘이 생깁니다. 원치 않는 경험이 있을 때마다 마음의 힘을 키워 보세요.

중독의 원리

천당으로 갔으면 지옥으로 내려와야 해요. 더 올라갈수록 더 내려와야 합니다. 더 취할수록 숙취가 더 심해요. 이게 중독의 원리예요. 윤회는 중독, 중생은 중독자입니다.

중생은 돈, 권력, 명성, 외모, 감각적인 즐거움에 취해서 마약 중독자처럼 황홀함을 경험합니다. 그리고 내려옵니다. 불안하고 우울해져서 다시 취하려고 합니다. 얼마나 가져도 얼마나 올라가도 얼마나 취해도 만족하지 못하고 갈망이 더 심해집니다. 중독자가 되었습니다. 노예가 되었습니다. 한번 잡히면 벗어나기가 어려워요.

다 가진 사람이 왜 자살할까요? 부귀영화는 감당하기 어려운 극심한 부작용이 있어요. 인간은 대박을 감당하지 못 해요. 대박이 대박이 아니고 다 대가가 있어요. 술 먹지 않으면 숙취도 없는 것처럼 욕망을 충족시키지 않으면 갈망도 없어요. 갈망이 없는 게 행복이에요.

마약을 안 하고 있으면 다행이고 섹스를 안 하고 있으면 다행이고 큰돈이 없으면 다행이고 유명하지 않으면 다행이고 권력이 없으면 다행이고 못생겼으면 정말 다행입니다. 축하드립니다. 행복의 조건이 당신에게 있어요. 만족하고 감사하세요.

그런데 올라가는 것도 내려오는 것도 환영이에요. 천당도 지옥도 자신이 만든 지각뿐이에요. 지혜로운 사람은 돈이 있는 것도 돈이 없는 것도 잘 감당할 수 있어요. 실체가 없는 본질을 알면 올라가도 내려와도 괜찮아요.

착한 사람과 친절한 사람의 차이

- 착한 사람은 착해야 한다는 집착으로 살아요. 친절한 사람은 친절하다는 아상이 없어요.
- 착한 사람은 거절하고 싶어도 거절을 못 하고 친절한 사람은 거절도 친절하게 거절합니다.
- 착한 사람은 감정을 억누르고 살고 친절한 사람은 감정을 내려놓고 살아요.
- 착한 사람은 눈치 보고 행동하고 친절한 사람은 상황 보고 행동합니다.
- 착한 사람은 착하게 보이는 것이 중요하고 친절한 사람은 친절한 게 중요합니다.
- 착한 사람은 자신을 생각하는 동기로 행하고 친절한 사람은 상대방을 생각하는 동기로 행합니다.
- 착한 사람은 마음이 여리고 친절한 사람은 마음이 강해요.
- 착한 사람은 어리석고 친절한 사람은 현명해요.

오늘 하루가 전환점입니다

- 착한 사람은 자주 무리하기 때문에 지쳐있어요. 친절한 사람은 친절한 말과 행동으로 힘을 받아요.
- 착한 사람은 하기 싫은 것을 자주 해서 자신과 남들을 속으로 원망해요. 친절한 사람은 자신의 한계와 경계를 넘지 않기 때문에 속이 후련해요.
- 착한 사람은 긴장 상태로 살고 친절한 사람은 릴렉스 상태로 살아요.
- 착한 사람은 솔직하지 못 해서 마음이 답답해요. 친절한 사람은 투명해서 마음이 홀가분해요.

우리나라는 착한 사람이 너무 많은 것 같아요. 삶도 관계도 진부하고 결국 후회가 많아요. 착한 사람과 친절한 사람이 꼭 따로 있는 것은 아니지만 차이를 알면 착하게 살지 않고 친절하게 살 수 있어요.

오늘 하루가 전환점입니다

중도

나는 내 자신과 화목하게 행복하게 살기로 한다. 친절한 기준으로 살기로 한다.

나쁜 버릇은 버리기가 어렵다. 나쁜 버릇이 당길 때 안 할 수 있으면 좋고 꼭 하고 싶으면 적당히 하는 것이다. 음식도 술도 게으름도 집착하는 모든 것도 친절한 기준으로 접하는 것이다. 알아차림이 친절한 것이다.

과한 것이 불친절이다. 너무 엄격한 것도 너무 느슨한 것도 좋은 것이 아니다. 너무 하다가 너무 안 하다가 반복하는 것은 광기이다.

덕은 중간에 있다.
친절은 가운데 있다.
행복도 중도
자유도 중도
수행도 중도
사랑도 중도이다.

우주의 장난

부처님과 스승님들이 줄곧 우리에게 하고 싶은 말은 이것이에요.

잘못된 게 없다는 거예요. 잘못된 게 없었다는 거예요. 그리고 잘못될 것이 없다는 거예요.

특히 자신이 잘못된 게 아니라는 거예요. 자신을 고칠 필요가 없다는 거예요. 이미 그리고 줄곧 부족함이 없다는 거예요. 이대로 충분하고 이대로 괜찮다는 거예요. 다른 말은 없어요.

엄청난 노력 끝에 해탈하는 게 아니라 모든 노력을 포기할 때, 이게 해탈이에요. 다 버릴 때 다 가지게 되어요. 마침내 쉬는 것이 열반이에요. 수행의 길도 수행의 결과도 쉬는 거예요.

자신과 다른 사람과 삶을 고칠 필요가 없다는 것을 아는 것이 깨달음이에요. 줄곧 잘못된 게 없다는 것을 깨닫는 거예요.

모든 것이 그냥 장난이라는 것을 알 때 폭죽이 터지듯 깨달을 겁니다. 깨달음보다 더 큰 농담이 없어요.

우주의 장난은 이거에요. 할 게 없을 때 다 하게 되어요. 고칠 게 없을 때 저절로 고쳐져요.

오늘 하루가 전환점입니다

항상 마음을 쉬세요

항상 마음을 쉬세요

슬픔의 선물

슬픔이 주는 선물은
마음이 총명하고
세속적인 욕망이 없어지고
다르게 살고 싶어요.
슬픔을 알아차리면 출리심이 되어요.
분노가 주는 선물은
마음이 명료하고
힘이 생기고
잘못을 바로잡고 싶어요.
분노를 알아차리면 지혜가 되어요.
고통이 주는 선물은
겸손해지고
마음이 멀쩡하고
수행하고 싶어요.
고통을 알아차리면 내공이 되어요.

항상 마음을 쉬세요

자신을 믿으세요

야식하세요. 술 드세요. 게임하세요. 게으름을 피우세요. 어차피 할 거 잖아요.

다만 스스로 고문하지 마세요. 너무 하는 것도 너무 안 하는 것도 고문이 될 수 있어요. 그 사이에 친절이 있어요. 이왕 할 거면 친절하게 행복하게 하세요. 그리고 더 이상 정신적으로 자신을 때리지 마세요.

알고 보면 자신의 습관을 버리는 게 아니에요. 버릴 수도 없고요. 습관과 친절하게 화목하게 지내는 거예요. 자신을 바꾸는 게 아니라 알아가는 거예요. 알아차림이 친절해요. 자신에게 공간과 시간을 주면 스스로 알아서 잘해요.

무조건 친절하세요. 여태까지 자신에게 가혹했는데 잘 먹히지 않았잖아요. 이번에는 과격한 친절을 실험해 보세요. 자신에게 친절해서 손해 볼 것 없어요. 자신을 바꾸려고 하지 않고 믿어주면 놀라운 결과가 있을 겁니다.

항상 마음을 쉬세요

자신과 만나기

우리의 유일한 희망은 자기를 아는 겁니다. 자신을 바꾸고 좋아지는 것은 허망한 꿈입니다. 언제 좋아져요? 자기 계발은 완전 사기입니다. 자기는 부족함이 없고 무한한 사랑과 행복인데 뭐 하러 좋아져요? 알 아보기만 하면 됩니다. 함께하면 됩니다. 그러면 허물은 저절로 벗겨 져요. 무명이 벗겨진다는 거죠. 원래 허물은 없어요. 그런데 알아보는 게 어려워요. 너무 쉬우면서 어려워요. 현존하는 감, 이게 자기예요.

너무 평범하면서 너무 놀라운
비어있으면서 충만한
고요하면서 명료한
평화로우면서 아는
참고 없는 자각
보고도 볼 수 없는
찾아도 찾을 수 없는
찾지 않을 때 찾아오는
있다고도 할 수 없고
없다고도 할 수 없는
머리가 아닌 가슴으로 아는
자기를 만나 보세요.

순수한 마음

삶의 목적은 행복하게 사는 겁니다. 그렇지 않아요? 모든 사람이 원하는 것이 행복한 삶입니다.

우리가 찾고 있는 행복은 항상 가능한 자신의 본성입니다. 원하는 게 없을 때, 마음을 비울 때, 깨어있을 때 순수한 행복이 있어요.

좋아하고 싫어하고, 기대하고 실망하고, 바라고 두려워하는 생각 때문에 이미 있는 무한한 행복을 경험하지 못해요. 생각 없이 알아차리는 것이 행복의 관문입니다. 비어있는 명료한 마음의 자체가 행복입니다. 사랑입니다. 충만합니다.

미래의 행복은 절대 오지 않아요. 진정한 행복은 항상 오직 여기 이 순간입니다. 행복을 좇는 것을 그만하고 행복으로 사세요.

행복하게 밥 먹고 행복하게 걷고 행복하게 대화하고 행복으로 사는 방법은 생각 없이 알면서 밥 먹고 생각 없이 알면서 걷고 생각 없이 알면서 대화하는 겁니다. 개념 없이 관념 없이 필터 없이 시비 없이 분별없이 밥 먹고 산책하고 대화할 수 있어요! 이게 마음의 혁명입니다. 지금과 전혀 다른 마음가짐입니다.

무엇을 해서 무엇을 가져서 어디 가서 어디 살아서 누구랑 있어서 행복한 게 아닙니다. 살아있는 자체가 원래 행복이에요. 어린아이들은 이것을 알아요. 우리는 크면서 까먹었어요. 아이의 순수한 마음을 되찾아야 합니다. 그저 보고 그저 듣고 그저 느끼는 것이 명상이며 행복입니다. 오직 모를 뿐! 오직 할 뿐! 오직 사랑할 뿐! 모두 행복하세요!

항상 마음을 쉬세요

조용히 있어 봐요

인간관계가 가장 어려운 수행이면서 가장 이로운 수행입니다. 남을 보지 않고 자기를 보는 것이 수행입니다. 사람들과 같이 있을 때 각별히 주의할 것은 생각과 말입니다.

생각을 주의하세요. 마음이 비춰주는 대로 있지 않고 생각뿐, 마음뿐이라는 것을 인지해야 합니다. 미운 사람은 자기와 같은 사람이라서 미운 거예요. 보기 싫은 꼴은 외면했던 자기입니다.

말을 주의하세요. 인정받고 싶은 욕구로 하는 자기 자랑을 자제하세요. 잘 보이기 위한 장기 자랑은 지랄입니다. 좋은 점을 숨기고 허물을 말하세요. 알아도 모르는 척을 하고 겸손한 자세를 가지세요.

뻔한 것을 무심코 말하는 것도 그만하세요. 다 아는 사실은 말로 표현할 필요가 없어요. 좀 조용히 있어 봐요.

험담할 때는 왠지 기분이 좋아요. 그런데 결과가 너무 안 좋아요. 다른 사람을 안 좋게 보는 것이 행복과 수행에 큰 방해이기 때문입니다. 다른 사람의 허물은 생각이 나도 말하지 말고 그들의 좋은 점을 생각하고 말하세요.

혼자서 할 수 있는 것이 아무것도 없어요. 자기를 보려면 다른 사람이 필요해요. 내려놓음과 자비심을 어떻게 배워요? 인간관계가 도인이 되는 가장 빠른 길입니다.

항상 마음을 쉬세요

죽을 때 가져갈 수 있는 7가지 자산

1. **신심**: 슈라다(Shraddha) 신심은 3단계가 있어요. 처음에는 관심, 중간에는 헌신, 끝으로는 확신입니다.

2. **계율**: 실라(Shilla) 생각과 말과 행동으로 그 누구에게도 부담이나 해가 되지 않는 신중한 마음의 자세입니다.

3. **보시**: 다나(Dana) 물질이나 위로하는 말이나 지혜로 중생을 돕기 위한 열려있고 베푸는 마음입니다.

4. **법**: 다르마(Dharma) 법에 대한 배움은 다음 생까지 이어가요. 내일 죽어도 오늘은 배울 가치가 있어요.

5. **괴**(愧): 아파트라피야(Apatrapya) 부끄러운 줄 아는 겁니다. 욕먹을 행동을 하지 않습니다.

6. **참**(慚): 흐리(Hrih) 양심 따라 행동하는 겁니다. 양심에 어긋난 행동을 하지 않습니다.

7. **지혜**: 프라즈냐(Prajna) 문사수, 배우고 깊이 숙고하고 명상해서 지혜를 길러요.

7가지 성품은 이미 우리 안에 내재하고 있어요. 그런데 숨어 있기 때문에 연결해서 드러나게 해야 합니다.

항상 마음을 쉬세요

거짓말, 거짓말

해결할 게 있다는 것은 거짓말이에요. 해결할 것이 아니라 받아들이는 거예요. 실제로는 해결할 게 없어요.

피곤한 것은 거짓말이에요. 믿지 마세요. 피곤한 것에 너무 신경 쓰지 않으면 금방 풀려요.

기운이 없는 것은 거짓말이에요. 믿지 마세요. 좋은 소식을 들으면 금방 기운이 나는 것처럼 다 머릿속에 있어요.

모자란 것, 잘못된 것, 문제 있는 것, 다 거짓말이에요. 믿지 마세요.

거짓말을 믿으면 현실이 되어요. 믿지 않으면 모든 현상의 거짓을 알게 되어요.

그런데 내 말은 잘 안 믿죠. 거짓말을 믿으면서.

항상 마음을 쉬세요

인생은 항상 우리 편

삶이 우리 편인 것처럼 사세요.

아무 문제 없는 것처럼 사세요.

세상이 친절한 것처럼 사세요.

모든 사람이 훌륭한 것처럼 대하세요.

사랑스러운 것처럼 반기세요.

자신이 자비로운 것처럼 행하세요.

따라서 삶이 아름답게 이어집니다. 사람은 원래 좋아요. 인생은 항상

우리 편이에요. 정토는 여기 이 순간입니다.

이게 사랑입니다

안 좋게 보는 것이 고통이며 구속이며 윤회입니다. 우리는 무슨 일이 있어도 안 좋게 보는 습관이 있어요. 모든 것을 슬픈 이야기로 만들어요. 윤회는 머릿속에 소설뿐이고 중생은 작가입니다. 보는 눈이 잘못되었고 보는 눈을 닦는 것이 수행이에요.

좋게 보는 게 행복이며 자유이며 해탈입니다. 좋게 본다는 것은 괜찮다는 겁니다. 받아들인다는 겁니다. 제 스승님들은 무슨 일이 있어도 좋게 봅니다.

좋게 보면 좋은 것이고 안 좋게 보면 안 좋은 것이에요. 원래 좋은 것도 나쁜 것도 없지만 좋게 보면 있는 대로 보게 됩니다. 사람과 상황을 좋게 보는 것이 바르게 보는 겁니다.

모든 사람을 부처님으로 볼 때 자신이 부처님이 되고 모든 것을 좋게 볼 때 이곳이 정토가 됩니다. 이게 실상이며 사실입니다.

무슨 일이 있어도 '괜찮아. 좋아. 문제없어. 잘 됐다. 고맙네'라고 좋게 보는 연습을 하십시오. 모든 사람을 좋게 보는 연습을 하십시오. 은사 스님이 너무 좋은 이유는 나를 좋게 보고 믿어주고 격려해 주시기 때문입니다. 타인을 좋게 보면 아끼게 됩니다. 이게 사랑입니다.

해탈이란

고통이 없는 게 해탈이 아니며 하소연이 없는 게 해탈입니다.

허물이 없는 게 해탈이 아니며 불만이 없는 게 해탈입니다.

문제가 없는 게 해탈이 아니며 문제로 삼지 않는 게 해탈입니다.

에고가 없는 게 해탈이 아니며 에고에 개의치 않는 게 해탈입니다.

해탈은 지각의 전환이며 언제나 가능합니다.

항상 마음을 쉬세요

고통스러운 경험

우리는 경험으로 배우는 것보다는 경험으로부터 도망가요. 고통스러운 경험을 하면 배울 게 많은데 습관적으로 고통을 외면합니다. 경험을 쌓지 못하고 같은 경험을 반복합니다. 해온 대로 똑같이 하면서 결과가 다르기를 바랍니다.

성장할 수 있는 가장 좋은 기회는 안 좋은 경험입니다. 실수에서 배울 것이 제일 많아요. 스스로 어떻게 고통을 피하는지 잘 알아차려서 원치 않는 경험에 마음을 열면 배울 것도 얻을 것도 너무 많아요. 자연스럽게 변하고 성장합니다.

항상 마음을 쉬세요

진정한 자유

수행은 자신을 바꾸는 게 아니라 자신과 편해지는 겁니다. 자신이 있
는 그대로 온전히 괜찮을 때 이게 진정한 자유입니다.

마음을 쉬세요

수행은 무조건입니다.

자신을 무조건 사랑하는 겁니다.

다른 사람을 무조건 아끼는 겁니다.

무슨 일이 있어도 무조건 괜찮은 겁니다.

모든 사람에게 무조건 감사한 겁니다.

모든 상황에서 무조건 만족한 겁니다.

무조건 열려있고

무조건 편안하고

무조건 친절하고

무엇보다도 참본성의 무조건적인 사랑과 평화에 항상 마음을 쉬세요.

항상 마음을 쉬세요

육바라밀

1. 보시, 그냥 줘
2. 지계, 그냥 하지 마
3. 인욕, 그냥 내려놔
4. 정진, 그냥 해
5. 선정, 그냥 쉬어
6. 지혜, 그냥 존재해

바라밀수행은 초월적인 수행이라서 그냥 해야 합니다. '내가' 하면 바라밀수행이 아닙니다.

마음의 병

유명해지면 생전 경험하지 못한 즐거움으로 행복해요. 항상 바랐던 인정과 사랑을 드디어 받는 것 같아요. 누가 우리를 알아보면 황홀한 기분으로 자기도 모르게 명성에 취해요. 집착이 생겨서 자꾸 바라게 되어요. 결국 즐거움이 불행으로 변해요. 누가 우리를 알아볼 때마다, 알아줄 때마다 즐겁지만 처음 같지 않아요. 유명한데 왜 불행한지 자기도 몰라요. 자기도 모르게 이미지에 대한 집착이 생겨서 걱정도 많아져요.

즐거움은 사람을 서서히 조용히 망하게 해요. 본성의 진정한 행복에 비하면 엄청 하찮은 거예요. 이 하찮은 즐거움이 사람을 속이고 노예로 만들어요.

즐거움이란 일시적인 행복을 의미하며 결국 무너지고 고통으로 변해요. 명성도 돈도 연애도 섹스도 쇼핑도 다 병이에요. 너무 늦게 발견하게 되는 병이에요. 세속물은 먹을 때는 좋은데 먹을수록 갈증이 더 심해져요.

그래서 유명인들이 일반인보다 더 불행해요. 떼부자들은 일반인보다 더 불행해요. 이것을 알면 잘나가는 사람이 하나도 부럽지 않아요. 명성은 덫과 같아요. 병과 같아요.

항상 마음을 쉬세요

즐거움이 사람을 조용히 죽여요. 모르는 사이에 죽음에 이르게 하는 마음의 병입니다. 명성을 탈수록 돈이 많아질수록 감각적인 즐거움을 경험할수록 윤회에 더 깊이 빠지게 됩니다.

진정한 행복과 즐거움의 차이를 분명히 알아야 합니다. 즐거움에 속지 않는 것이 쉽지 않지만 할 수 있다면 유명해져도 돈이 많아져도 감당할 수 있어요.

우리는 모두 마약 중독자예요. 사람마다 마약이 다르지만 다 중독되어 있어요. 중독은 불교에서 집착이라고 하며 고통의 원인입니다. 마약을 안 하는 것이 좋은 것이고 집착이 없는 것이 행복입니다. 당신의 마약은 무엇일까요?

항상 마음을 쉬세요

친절한 알아차림

마음을 바꾸는 게 아니라 친절하게 알아차리는 겁니다.

알아차리되 상호작용하지 않아요.

감정을 없애는 게 아니라 편안하게 허용하는 겁니다.

허용하되 얽히지 않아요.

에고를 없애는 게 아니라 친절하게 알아보는 겁니다.

알아보되 매이지 않아요.

자신을 바꾸는 게 아니라 친절하게 알아가는 겁니다.

알아가되 불만이 없어요.

허물을 없애는 게 아니라 친절하게 인정하는 겁니다.

인정하되 빠지지 않아요.

습관은 없애는 게 아니라 화목하게 함께 사는 겁니다.

함께 살되 너무 매달리지 않아요.

생각을 없애는 게 아니라 담담하게 지켜보는 거예요.

지켜보되 엉키지 않아요.

긍정의 마음

행복은 초점에 달려 있어요. 어디에 마음을 두는지 따라서 불행하고 행복합니다.

없는 것에 마음을 두면 아무리 많이 있어도 마음은 가난해요. 있는 것에 마음을 두면 얼마 없어도 마음은 부자입니다.

못 하는 것에 마음을 두면 아무리 잘하고 있어도 못 하는 것만 같아요. 잘하는 것에 마음을 두면 더욱 잘하게 되는 힘이 되어요.

받은 은혜에 마음을 두면 한없이 감사하고 받은 상처에 마음을 두면 한없이 억울합니다.

안 좋은 것에 마음을 두면 안 좋은 것 같기만 하고 좋은 것에 마음을 두면 좋은 것 같기만 해요.

중생은 자신도 다른 사람도 삶도 안 좋게 봐요. 성인은 자신도 다른 사람도 삶도 좋게 봐요. 경험도 인생도 밖에 있지 않고, 마음뿐이에요. 행복은 마음에 달려 있으니 한없이 밝고 긍정의 마음으로 살아요!

부족함이 없는 이 순간

과거에 무슨 짓을 했어도

업이 두껍다고 하더라도

번뇌 망상이 많다고 하더라도

여기 순간은 항상 충분하고 충만해요.

부족한 이 순간도 없고

부족한 자신도 없어요.

과거로 살면 부족하고

미래로 살아도 부족해요.

과거는 망상이고 미래는 허상입니다.

이 순간으로 살면 부족함이 없어요.

부족함이 없는 이 순간으로

부족함이 없는 자신으로 살아요.

가고 있는 길과 목적지가 같은 것이 불교입니다.

이미 그리고 줄곧 부처님입니다.

마음의 습관

인생의 유일한 답은 그냥 사는 겁니다. 모든 고통은 그냥 사는 것을 저
항해서 있는 겁니다. 구체적으로 바라고 두려워하는 마음의 습관입니
다. 바람과 두려움에 매달리는 겁니다.
그냥 하고 그냥 앞으로 나가세요. 그냥의 공간에서 바람과 두려움이
정화됩니다. 걸리는 것 없이 그냥 사세요.

감으로 살아요

생각보다는 잘할 수 있어요.
생각보다는 힘이 있어요.
생각보다는 어렵지 않아요.
생각보다는 나쁘지 않아요.
생각보다는 좋아요.
생각이 모든 한계를 만들고
생각이 엄청나게 과해요.
생각하면 모르고
생각을 놓으면 알아요.
생각하면 못 하고
그냥 하면 할 수 있어요.
생각을 넘어서 직관이 있어요.
직관으로 움직여요.
생각을 넘어서 감이 있어요.
감으로 살아요.

결국 괜찮을 거예요

자신을 믿어 봐요.

결국 잘할 거예요.

결국 괜찮을 거예요.

조금만 기다려 줘요.

자신을 믿는 것은

통제를 버리는 거예요.

마음을 여는 거예요.

자신을 좀 내버려두는 거예요.

자신에게 공간을 주는 거예요.

그냥 살고 앞으로 나가는 거예요.

자신을 믿는 것은

우주를 믿는 거예요.

부처님을 믿는 거예요.

자신을 믿는 것은

꼭 배워야 할

인생의 가장 중요한 교훈입니다.

긍정의 마음

부정은 그냥 두고 긍정에 마음을 두어라.

못 하는 것은 그냥 두고 잘하는 것에 마음을 두어라.

해를 입은 것은 그냥 두고 은혜 입은 것에 마음을 두어라.

허물은 그냥 두고 장점에 마음을 두어라.

할 수 없는 것은 그냥 두고 할 수 있는 것에 마음을 두어라.

그냥 두라는 것은 외면이 아니라 인정하되 내버려두는 겁니다. 잘하는 것도 좋은 것도 많은데 꼭 못 하는 것과 안 좋은 것에 마음을 두는 도움이 안 되는 습관이 있어요.

자신도 남들도 세상도 밝게 봐요. 이미 밝아요. 볼 줄 알면 됩니다. 밝은 눈으로 수행하면 진전과 성장이 빠르고 어려움이 없어요. 수행도 행복하게 하는 거예요.

도인의 기도

내가 원하는 것을 절대 갖지 않게 하소서. (직메링빠 기도)

행복을 바라지 않고 고통을 두려워하지 않게 하소서.

돈을 바라지 않고 빈곤을 두려워하지 않게 하소서.

칭찬을 바라지 않고 비판을 두려워하지 않게 하소서.

명예를 바라지 않고 불명예를 두려워하지 않게 하소서.

무슨 일이 있어도 나를 위한 것으로 보게 하소서.

평생 몸과 마음이 안 좋아도 좋게 보게 하소서.

몰래 도인

진정한 수행자는
겉으로 겸손
안으로 사랑
몰래 공성
겉으로 출리심
안으로 보리심
몰래 본마음
겉으로 신중하고
안으로 분별없고
몰래 쉰다.
겉으로 절제
안으로 지혜
몰래 무위
겉으로 평범하고
안으로 순수하고
몰래 빛난다.
겉으로 조심스럽고
안으로 깨어있고
몰래 아무것도 안 한다.
겉으로 스님
안으로 보살
몰래 도인이다.

선순위로 사는 법

큰 항아리를 큰 돌과 자갈과 모래로 다 채우려면 큰 돌을 먼저 넣고 자갈을 넣고 모래를 넣으면 다 채울 수 있어요. 모래부터 넣으면 큰 돌이나 자갈이 다 못 들어가요.

큰 돌: 매일 꼭 해야 하는 것들

· 방석에 자기만의 시간을 갖는 것은 매일 꼭 먼저 해야 합니다. 좌선과 기도는 마음의 충전이며 여유입니다. 일상에서 더 깨어있게 하고 살아갈 힘을 얻어요. 절대적으로 매일 해야 하는 것이 마음 관리입니다.

자갈: 매우 중요한 일들

· 몸 관리를 위한 운동이나 요가
· 수행 단체를 위한 일들
· 생계를 위한 일들

모래: 즐거운 일들

· 놀러 다니는 것, 맛있는 거 먹는 것, 친구들 만나는 것
· TV, 영화, 유튜브 보는 것
· 취미나 재미있는 것들

이와 같이 우선순위로 살면 해야 할 것을 다 하고 게으름을 방지할 수 있어요.

슬픔이란

슬픔이 뭘까요?
미움이 슬픔입니다.
집착이 슬픔입니다.
중독이 슬픔입니다.
게으름이 슬픔입니다.
무관심이 슬픔입니다.
집착하는 만큼
원망하는 만큼
마음을 닫는 만큼
슬퍼요.
당신의 슬픔은 뭡니까?
기쁨이 뭘까요?
집착하지 않는 것입니다.
미워하지 않는 것입니다.
도망가지 않는 것입니다.
살아있는 만큼
마음을 여는 만큼
자비로운 만큼
기뻐요.
당신의 기쁨은 뭡니까?

항상 마음을 쉬세요

깊은 물은 조용합니다

인정욕구가 강한 사람이 아는 척을 많이 해요. 다 아는 것처럼 보이고 싶어요. 남의 말을 새겨듣는 것보다 "알아, 알아" 하면서 들어요. 공감보다 잘난 척을 해요. 모르는 사람이 안다고 생각하고 아는 사람은 아무것도 모른다는 것을 알아요. 노자가 말한 것처럼 바보인 줄 모르면 바보고 바보인 줄 알면 현자입니다.

부질없는 인정을 받기 위해 항상 나서요. 없는 사람은 없으니까 있어 보이고 싶고, 있는 사람은 있으니까 없어 보여도 상관없어요.

남의 인정으로 자신을 채우려고 하지 말고 부족함이 없고 이대로 충분하고 충만한 자신을 발견하세요. 안에서 채우면 밖에서 채울 필요가 없어요. 밖에서 채워도 안은 채워지지 않아요. 얕은 물은 시끄럽고 깊은 물은 조용합니다. 알면서도 모르는 척을 하고, 있어도 없는 척을 하는 게 참다운 인간의 자세입니다.

알아차림의 12가지 측면

- **여기 이 순간**: 온전히 현존하는 마음이 알아차림입니다.
- **앎**: 무엇을 하고 있는지 아는 것이 알아차림입니다. 보이고 들리고 느끼고 생각하는 것을 알아요.
- **담담함**: 좋아하고 싫어하는 분별심을 버리는 것이 알아차림입니다.
- **목격**: 그저 지켜보는 것이 알아차림입니다.
- **평정심**: 어떤 상황에도 흔들리지 않는 여여한 마음자리가 알아차림입니다.
- **허용**: 지금 이 순간에 몸이나 마음의 현상과 싸우지 않고 있는 그대로 허용하는 것이 알아차림입니다.
- **릴렉스**: 저항이 없는 마음이 알아차림입니다.
- **받아들임**: 상황에 대한 스토리를 만들지 않는 것이 받아들임이며 알아차림입니다.
- **초심**: 열려있고 순수한 아기의 마음이 알아차림입니다.
- **친절**: 조건 없이 자신에게 (자기 마음에게) 친절한 것이 알아차림입니다.
- **인내심**: 너무 빨리 변하려고 하지 않고 기다릴 줄 아는 것이 알아차림입니다.
- **괜찮아**: 슬퍼도 불안해도 화가 나도 괜찮은 것이 알아차림입니다.

항상 마음을 쉬세요

결혼하고 싶은 분을 위한 스님의 10가지 꿀팁

- 너무 결혼하고 싶어 하지 마세요. 절박한 마음이 있으면 결혼 상대가 있어도 도망가요. 결혼하고 싶지만 결혼 안 해도 괜찮은 마음이 있으면 결혼할 확률이 올라가요.

- 인연을 기다리세요. 결혼을 안 하고 싶어도 인연이 있으면 결혼하고 인연이 없으면 결혼을 못해요.

- 결혼 상대의 가장 중요한 자질은 외모도 돈도 학벌도 집안도 성격도 아니며 낮은 기대입니다. 결혼의 유일한 목적은 사랑도 행복도 아니고 끝까지 가는 겁니다. 기대가 낮은 사람하고 결혼하면 가정이라는 전쟁터에서 살아남을 수 있어요.

- 결혼의 목적은 행복이 아니라 겸손을 배우는 겁니다. 인욕바라밀 수행입니다. 고행이 따로 없어요. 소심한 사람이 할 일이 아닙니다.

- 결혼해도 장기적으로 보면 많이 달라지는 게 없어요. 처음에는 좋지만 허니문 기간이 (평균 3년) 지나면 사랑과 열중은 없어져요. 그냥 룸메이트가 되고 상처도 주고받고 재미없어요. 결혼해도 외로워요. 정말 힘들지만 않으면 다행이죠.

항상 마음을 쉬세요

- 제가 어렸을 적에 다녔던 몰몬교회에서는 '가정은 지상의 천국'이라고 하는데 불교에서는 '가정은 지상의 지옥'이라고 합니다.
- 어떤 사람에게는 결혼하는 게 좋고 어떤 사람에게는 결혼 안 하는 게 좋은 거예요. 체질이니까 잘 판단하셔요.
- 부모의 결혼도, 친구의 결혼도 너무 힘들어 보이지만 자기는 다를 거라는 것은 환상입니다. 스스로 속이지 마세요.
- 도인 같은 훌륭한 사람하고 결혼하면 많이 성장하고 결혼생활이 좋아요. 둘 중의 한 명만 도인이면 둘 다 도인이 되어요. 하지만 에고가 에고와 결혼하면 잘 될 일이 없어요.
- 마지막으로 결혼의 진실을 (욕먹으면서) 알려주는 사람은 저밖에 없는 거 같아요.

결혼하실 분들과 결혼하신 분들, 모두 행복하세요! 진심입니다.

자기만의 고요한 시간

나이가 들수록 자기 관리를 잘 하지 않으면 급속히 몸이 안 좋아져요. 따라서 마음도 우울해요. 늙는 것도 죽는 것도 문제가 아니라 건강한 몸과 정신으로 늙고 죽는 것이 중요합니다.

뇌 건강을 위해서 걷는 것보다 더 좋은 게 없어요. 걸으면 뇌가 엔도르핀과 도파민으로 목욕이 되어서 새로워져요. 대사작용과 심장 건강을 위해서 숨이 찰 정도로 운동하는 것이 아주 좋아요. 저는 요즘에 산에 가서 뛰었다 걷다 번갈아 가면서 하니까 에너지가 많이 생겼어요. 그 외에 맨발로 걷는 것과 근력운동도 많은 도움이 되죠. 식습관은 채식 위주로 먹고 간헐적 단식이 장기들을 쉬고 회복하게 합니다.

수면의 질이 삶의 질입니다. 현대인들이 잘 못 자는 이유는 밤에 화면을 보기 때문입니다. 처음에는 10시에 화면을 끄고 나중에는 9시 그리고 결국 8시에 화면을 끄는 규칙을 따르면 도움이 될 겁니다. 저는 자기 전에 24분 좌선을 꼭 하고 잡니다.

방석에 앉아서 자기만의 고요한 시간을 갖는 것은 하면 좋은 게 아니라 안 하면 안 되는 겁니다. 가장 중요하고 가장 필요하고 가장 도움이 되는 것이 좌선입니다. 초보자들은 매일 5분에서 15분까지 시작을 해서 점차 시간을 늘립니다.

잘 자는 것도 잘 먹는 것도 운동하는 것도 명상하는 것도 몸에 붙으면 하기가 쉽고 즐거워요. 그때까지 노력이 필요해요.

자기 관리를 위하여 저에게 도움이 되는 것을 여러분께 도움이 되기를 바라는 마음으로 몇 가지를 적어 봤어요.

내려놓는 게 수행입니다

내려놓는 게 수행입니다

5가지 힘을 키우는 것이
수행의 진수

1. **결의의 힘**: 무엇을 하더라도 100% 하는 겁니다. 적당히 하는 게 아니라 온 마음 다해서 합니다. 마음을 굳건히 먹고 성심으로 삽니다.

2. **익숙함의 힘**: 처음에 그렇게 안 되는 수행이 익숙함의 힘으로 결국 잘 됩니다. 알아차림과 자비심에 익숙해지면 더 자주 더 오래 더 쉽게 더 깊이 경험합니다.

3. **선근의 힘**: 순수한 동기로 좋은 일을 최대한 많이 합니다. 작은 선행부터 큰 공덕까지 소홀히 하지 않습니다. 미래생에 행복과 수행의 씨앗을 이생에 많이 심어 놓습니다.

4. **주의의 힘**: 탐진치로 일어나는 생각을 똑바로 보고 주의합니다. 계속 우리를 속이고 해가 되는 번뇌의 정체를 알아봅니다. 번뇌와 함께 해서 모든 고통이 있었기 때문에 이제는 주의하고 멀리합니다.

5. **발원의 힘**: 발원의 힘으로 사는 이유가 생겨요. 어떤 존재로 거듭나고 싶은지 간절히 원합니다. 세속으로부터 깨달음으로 관심사를 돌립니다. 보리심의 발원으로 사는 방향과 목적이 잡힙니다.

대승불교의 모든 수행은 5가지 힘을 키우는 데 다 들어 있다고 합니다. 거듭 생각하고 실천하는 것이 평생 숙제입니다.

1. **결의의 힘**: 성심으로 살아요.
2. **익숙함의 힘**: Just do it!
3. **선근의 힘**: 좋은 일을 많이 하세요.
4. **주의의 힘**: 생각을 똑바로 봐요.
5. **발원의 힘**: 관심을 키워요.

명상은

명상은 마음에 일을 주는 겁니다.
"호흡을 바라보아라."
"자비심을 연습하라."
"알아차려 보아라."
"법을 배우고 사유하라."
"기도하라."
"깨어있어라."

 마음을 그냥 두면 없는 문제를 만들고 있는 문제를 키워요. 습관적으로 불평불만을 키우고 계속 업을 쌓아요.
 마음은 미친 원숭이와 같아요. 그냥 두면 큰일나죠. 알아차림으로 묶어놓고 정지로 지켜보고 유익한 일을 주고 훈련시킵니다.
 일을 주면 마음이 좋아하고 행복해요. 그런데 처음부터 전입으로 고용하면 안 되고 아르바이트를 시켜요. 이런 일을 안 해서 처음부터 오래 못해요. 짧게 가능한 한 자주 일을 주면 잘할 수 있어요. 30초부터 시작해도 좋아요. 오랜 연습 끝에 우리 말도 잘 듣고 항상 도와주는 최고의 직원(employee of the year)이 됩니다.

또라이로 사는 법

어느 정도 나이가 되면 남은 인생을 또라이로 살아야 합니다. 이제 남의 삶을 살지 말고 자기 삶을 살아요. 마음대로 사는 것이 아니라 마음대로 살기 위해 지혜롭게 사는 겁니다.

같이 살아도 따로 살고 사랑은 없지만 미움은 키우지 말아야 합니다. 자기만 힘들기 때문입니다. 결혼은 형식뿐이며 give and take 잘 해서 자기 삶을 살아요. 결혼은 원래부터 고장난 것이고 고치는 게 아닙니다. 유일하게 할 수 있는 것이 식구들에게 중도를 지키는 또라이가 되는 겁니다.

직장을 다녀도 승진을 바라지 않고 해고를 두려워하지 않는 완전 깡패로 직장을 다녀야 합니다. 일은 철저히 하지만 바라고 걱정하는 게 없어서 동료들이 경외합니다. 돈에 매달리지 않고 돈을 버는 겁니다.

남은 인생에 가보고 싶은 곳도 가보고, 해 보고 싶은 것도 해 보고, 봉사도 하고, 순례도 하고, 명상도 하고, 마음의 평화를 찾아 죽음을 준비해야죠. 그 방법은 또라이가 되는 겁니다. 또라이는 사랑입니다.

3가지 (외내밀) 무상함

- **외적 무상함**. 계절이 바뀌고 몸은 늙고 돈도 명예도 오고 가는 가장 거친 무상함입니다. 너무 당연하지만 알아차리지 못합니다. 돈이 있다가 없으면 우울하지만 무상함 덕분에 돈이 없다가 생깁니다. 무상함 덕분에 영원한 거지가 아닙니다. 무상함을 부인하는 마음을 알아차립니다. 눈을 뜨고 가을에 잠시 있는 아름다운 단풍을 온전히 누리세요. 무상하니까 소중합니다.

- **내적 무상함**. 기운과 생각과 감정이 변하고 있는 것을 알아차립니다. 행복할 때 늘 행복할 것 같고 불행할 때 늘 불행할 것 같은 무상을 부인하는 습관을 알아차립니다. 너무 기뻐하거나 너무 우울할 필요가 없는 이유는 마음도 기운도 무상하기 때문입니다. 무상함을 알면 해탈합니다.

- **비밀의** (가장 내적) **무상함**. 존재의 무상함입니다. 자기와 자기 것으로 생각하는 모든 것이 언젠가는 없을 겁니다. 자아와 삶의 덧없는 본질을 알아차리는 것이 가장 미세한 비밀의 무상함입니다. 비밀의 무상함은 공성입니다.

세 가지 무상함이 다르지 않습니다. 눈을 뜨고 밖도 안도 나도 무상하다는 것을 알면 홀가분한 해방감을 경험합니다.

마음의 2가지 힘

1. **사마타**: 이것은 마음의 실제 힘을 의미합니다. 집중할 수 있는 마음의 힘입니다.
2. **위빠사나**: 이것은 마음의 예리함을 의미합니다. 단지 보이는 대로 보지 않고 있는 대로 보는 마음의 힘입니다.

두 가지가 다르지 않지만 꼭 똑같지도 않아요. 예를 들면 같은 몸에 다리는 강하지만 팔은 허약할 수 있잖아요.

무명의 나무를 자를 때 도끼를 휘두르는 힘이 약하면 사마타가 약한 겁니다. 힘은 있지만 도끼가 둔하면 위빠사나가 약합니다.

사람마다 달라요. 예리하지만 정신이 없는 사람이 있고 집중을 잘하지만 예리하지 못한 사람이 있어요. 보통 둘 중의 하나입니다.

열려있고 자유로운 명상을 좋아하면 사마타가 부족할 수 있어요. 그러면 엄밀히 집중하는 힘을 키우세요.

한 가지에 집중하는 힘은 있지만 통찰이 없으면 위빠사나가 부족할 수 있어요. 그러면 편안하고 열려있게 명상하세요.

팔의 힘이 약하면 팔에 집중하듯이 약한 것에 집중하세요. 팔과 다리는 협력해서 서로 도와주는 것처럼 사마타와 위빠사나도 마찬가지입니다.

태국에서 위빠사나 수행할 때 아잔 스님께 배운 내용을 정리했어요.

가장 훌륭한 스승

자기 허물을 스스로 깨닫는 것이 가장 훌륭한 수행입니다.
자기 허물을 스스로 깨닫게 하는 것이 가장 훌륭한 가르침입니다.
자기 허물을 스스로 깨닫게 하는 사람이 가장 훌륭한 스승입니다.

　허물을 깨닫는 것은 허물을 알아보고 인정하고 밝히는 것입니다. 다른 사람의 허물은 잘 보이지만 자기 허물이 잘 보이지 않아요. 누가 지적하면 바로 부인하고 화를 내고 상처받아요.
자기 허물에 대한 깊은 통찰로 허물이 없어져요. 허물의 해롭고 고통스러운 정체를 알아보면 더 이상 우리를 괴롭히지 못해요.

모든 경험에 살아 있으세요

삶의 모든 경험에 살아있는 것이 수행입니다. 경험은 세 가지로 나눌 수 있어요. 좋다고 하는 경험, 나쁘다고 하는 경험, 그다지 좋지도 나쁘지도 않은 중립적인 경험입니다. 3가지 경험은 탐진치와 관련 있어요. 좋다고 하는 경험은 집착하고 바라고 좋아하고 안 좋다고 하는 경험은 싫어하고 거부하고 두려워하고 중립적인 경험은 무관심합니다.

수행의 목적은 이 세 가지 경험이 동등하다는 것을 깨닫는 겁니다. 좋다고 하는 경험도 나쁘다고 하는 경험도 없다는 겁니다. 그냥 경험 뿐이고 오래가지 않고 늘 변하고 결국 지나가고 말 거라는 겁니다.

모든 경험에 깊이 참여하세요. 기쁨도 슬픔도 사기입니다. 똑같이 담담하게 생생하게 경험하세요. 여기서 배우고 얻는 게 많아요. 수행은 이 세 가지 경험을 다르게 경험하는 겁니다. 즐거움만 좋은 게 아니라 아픔도 좋아요. 아픔을 풍부하고 살아있고 깊이 경험하면 그다지 나쁘지 않아요. 슬픔도 너무 좋아요. 다르게 살게 해 주는 게 슬픔이에요. 고통은 은혜입니다. 겸손과 연민을 가르쳐 줍니다.

모든 경험에 살아 있으세요. 좋은 것도 좋지만 안 좋은 것도 너무 좋아요. 이게 진짜 사는 것이며 '날마다 좋은 날'의 참뜻입니다.

없다면

욕망이 없으면 행복하고
미움이 없으면 고통이 없고
무지가 없으면 차분하고
질투가 없으면 방해가 없고
오만이 없으면 성장하고
가식이 없으면 당당하고
욕심이 없으면 충분하고
기대가 없으면 장애가 없고
걱정이 없으면 모든 것이 괜찮아요.

내려놓는 게 수행입니다

결정은 스스로 하세요

스스로 결정하는 것을 배워야 합니다. 어떻게 살지 큰 것부터 작은 것까지 스스로 결정하세요. 자기가 자기를 제일 잘 알기 때문에 제일 좋은 결정을 할 수 있어요. 자신감이 비결입니다.

남의 말을 참고할 수 있지만 결정은 스스로 하세요. 아무리 좋은 말이라도 자기한테 맞는지 확인해서 결정하세요. 누구보다 의지할 수 있고 누구보다 의지해야 하는 사람이 자신입니다. 자기가 자신의 의지처가 되고 자기가 자신의 스승이 되고 자기가 자신의 제일 친한 친구가 되어야 합니다. 자기를 구할 사람은 자기밖에 없어요. 스스로 돕는 사람이 남들도 돕게 되어요.

인생이 꼬일 때 알아차려야 할
4가지 습관

- **완전히 포기하는 습관**. 끝까지 못 가면 완전히 포기해 버리는 모 아니면 도의 습관을 잘 알아차려야 합니다. 넘어져서 목적을 포기해 버리면 여기까지 온 것도 다 버리는 것과 같아요. 한걸음 뒤로 갔으면 두 걸음 앞으로 가야죠.

- **고통으로부터 도망가는 습관**. 직면하든 도망가든 똑같이 힘들지만 직면하면 업을 닦을 수 있어요. 상황을 들여다보면 잘 다룰 수 있는 방편과 지혜가 우리 안에 있어요.

- **상황을 안 좋게 보는 습관**. 운이 다한 것처럼 희망이 없는 것처럼 좌절에 빠지는 습관을 잘 알아차려야 합니다. 그 어떤 상황도 좋게 볼 수 있고 긍정의 마음으로 잘 다룰 수 있어요.

- **똑같은 전략으로 어려움을 감당하는 습관**. 고통을 안 느끼기 위해 평생 적용했던 전략을 잘 알아차려야 합니다. 고통을 다루는 자기만의 불건전하고 유익하지 않은 방법을 잘 알아차리면 새롭게 유익하게 다룰 수 있어요.

내려놓는 게 수행입니다

내려놓은 게 수행

우리는 좀 미쳤어요. 안 미치려고 하니까 미치겠어요. 그냥 미친 채로 사니까 제정신이 돌아와요.

우리는 행복하지 못해요. 행복에 대한 강박이 너무 힘들어요. 그냥 행복하지 않은 채로 사니까 살 만해요.

우리는 완벽하지 못해요. 완벽함을 유지하는 게 너무 힘들어요. 그냥 못난 채로 사니까 완벽하지 못한 자신이 사랑스러워요.

바꾸는 게 수행이 아니라 내려놓는 게 수행입니다.

에고의 말

모든 고통의 원인은 습관적으로 생각하는 마음입니다. 저절로 생각하는 마음은 맨날 거짓말하고 큰일났고 우울합니다.

여태까지는 믿고 따라가고 엉키고 살았어요. 관계를 바꿔야 합니다. 어떻게 대해야 할까요?

거짓말쟁이의 말을 듣고 있지만 의심하는 것처럼

정신 나간 사람이 혼잣말할 때 소리는 듣지만 새겨듣지 않는 것처럼

사기꾼이 말할 때 듣고는 있지만 믿지 않는 것처럼

아이가 어쩌고저쩌고할 때 "그래, 그래" 하면서 듣고 있지만 신중히 듣지 않는 것처럼

마음이 말하는 것을 다른 사람이 말하면 싸우지만 마음이 말하면 무심코 믿고 속아요. 사기꾼 에고의 말에 중요성을 두지 말아요. 또 지랄하는 줄 알고 그냥 알았다 하고 내버려두는 게 최선입니다. 머리에서 나와서 직관으로 움직여요.

기다릴 줄 알면

기다릴 줄 알면 답이 와요. 기다릴 줄 알면 알게 되어요. 기다릴 줄 알면 해결이 되어요. 기다릴 줄 알면 영혼이 속삭이고 이끌어 줍니다. 현명한 이는 기다릴 줄 알아요. 기다릴 줄 아는 사람에게 복이 있어요. 머리를 굴려서 고민을 해서 잘 몰라요. 기다릴 줄 알면 애씀 없이 저절로 모든 것이 제자리를 찾고 때맞게 자연스럽게 모든 것을 하게 되어요. 알고 보면 마음을 비우고 기다리는 것 말고는 할 게 없어요.

인간관계의 규칙

인간관계의 제1 규칙은 바라는 게 없어야 합니다. 제2 규칙은 판단하지 말아야 합니다. 제3 규칙은 아끼는 겁니다. 이외에는 다른 규칙이 없어요.

내려놓는 게 수행입니다

모든 고통의 원인

무시 좀 당하면 어때요? 인정을 안 받으면 어때요? 미움을 받으면 어때요?

무시를 당해도, 인정을 받지 못 해도, 미움을 받아도 아무 문제 없어요. 오히려 도움이 돼요.

무시당할 줄 아는 게, 인정을 받지 않아도 되는 게, 미움을 받을 수 있는 게 수행입니다.

무시를 당하는 것, 인정을 받지 않는 것, 미움을 받는 것을 좋아하세요. 기대하세요. 감사하세요.

내려놓음과 겸손을 배울 수 있어요. 모든 고통의 원인인 자기만 생각하는 마음을 닦을 수 있어요.

스승과 제자의 대화

제자: 수행이 뭐예요?

스승: 수행은 내려놓는 것이다.

제자: 무엇을 내려놓아요?

스승: 생각을 내려놓는 것이다.

제자: 생각을 어떻게 내려놔요?

스승: 생각이 보이면 생각이 놓아진다.

제자: 어떻게 생각이 보여요?

스승: 마음이 고요하면 생각이 보인다.

제자: 어떻게 마음을 고요히 해요?

스승: 알아차림을 하면 마음이 고요해진다.

제자: 어떻게 알아차림을 길러요?

스승: 여기 순간에 깨어있으면 알아차림이 길러진다.

제자: 어떻게 여기 순간에 깨어있어요?

스승: 보이고, 들리고, 냄새, 맛, 그리고 느껴지는 것을 자각하면 깨어 있는 것이다.

제자: 어떻게 자각을 해요?

스승: 보이면 들리면 냄새가 나면 맛이 있으면 느껴지면 자각하는 것 이다.

제자: 알겠어요. 해 보겠습니다.

스승: 먼저 오감의 대상에 깨어나서 마음이 고요해지면 생각이 보여 서 생각이 놓아진다. 생각이 놓아진 자리에서 통찰이 계속 일어 난다. 사마타(마음을 고요히)를 기반하여 위빠사나(지혜)로 번뇌가 온전히 제거된다. 이게 수행의 핵심이니 잊지 말아라.

미움을 키우지 말아요

누가 미워도 할 게 없어요. 말로 풀려고 해서 도움이 될 수 있지만 도움이 안 될 때가 더 많아요.

하지만 하지 말아야 할 게 하나 있어요. 생각과 말로 미움을 키우지 말아요. 미움은 망상이에요. 누가 미운 것은 괜찮아요. 너무 신경 쓰지 말아요.

언젠가는 미움이 풀려요. 싫증이 없어지고 좋아하는 마음도 생겨요. 미움을 내버려두는 게 최선이에요. 좋은 놈도 미울 때가 있고 미운 놈도 좋을 때가 있어요. 사실 좋은 놈도 미운 놈도 없어요.

좋든 싫든 같은 인간으로서 존중하고 예의 바르게 대하면 돼요.

공(空)이란

변화는 환영입니다. 건강과 병, 부와 가난, 명예와 악명, 행복과 고통 이 모든 것은 환영입니다.

예를 들어, 가진 돈을 다 잃었다면, 인생의 큰 변화처럼 느껴질 수 있어요. 하지만 자세히 들여다보면, 아무것도 바뀌지 않아요. 여전히 아침에 일어나야 하고, 여전히 다뤄야 할 것은 자기 마음이에요. 사실, 다뤄야 할 유일한 것은 마음입니다. 우리에게 실제로 있는 것은 마음뿐이고, 경험하는 것도 마음뿐입니다. 그리고 마음은 본래 텅 비어있어서, 실제로 일어나는 일은 아무것도 없어요. 아무것도 실제로 변하지 않아요. 마음 말고는 현실이 없어요.

이 사실을 이해하면, 두려움 없이 살 수 있어요. 두려워할 것이 뭐가 있을까요? 오직 마음뿐입니다. 바랄 것이 뭐가 있을까요? 역시 마음뿐입니다. 그리고 마음은 본래 텅 비어있어요.

깨달아야 할 것은, 모든 것이 마음이라는 겁니다. 모든 것은 마음에서 비롯됩니다. 마음 외에 다른 현실은 없어요. 그런데 마음 자체도 실체가 없어요. 마음이 만들어낸 것들의 공성, 즉 거짓됨을 알아야 합니다. 마음이 만든 환영을 꿰뚫어 보아야 합니다. 그래서 행복과 고통, 부와 가난, 명예와 악명, 건강과 병은 단지 마음의 모습일 뿐이고, 결국엔 사실이 아닙니다.

'공(空)'이야말로 최고의 귀의처이고, 최고의 보호이며, 궁극적인 실상입니다. 우리는 이 '공'을 깨달아야 합니다.

시작이 정말 반입니다

하루하루 해야 할 것을 다 하고 평생 해야 할 것을 다 하려면 그때그때 '오직 할 뿐'으로 몸을 움직여서 시작하면 할 수 있어요. 시작이 정말 반입니다. 집안일과 명상과 운동은 생각이 날 때 몸을 움직여서 시작하면 할 수 있어요. 움직일수록 없는 줄 알았던 활기도 생겨요. 게으름은 답이 없어요. '오직 할 뿐'이 유일한 답입니다.

언젠가는 하겠다는 정신은 전혀 못 할 정신입니다. 미루는 정신은 낙오자의 정신입니다. '지금 아니면 결코'입니다.

해야 할 것을 못 하게 하는 것은 생각이에요. 움직이면 생각할 틈이 없어요. 우울과 불안, 그리고 자기 업도 극복할 수 있는 게 아니라 움직여서 대신하는 겁니다. 주저앉지 말고 그냥 하면 할 수 있어요.

방석에 오직 앉을 뿐!
산에 오직 갈 뿐!
설거지, 오직 할 뿐!
피곤하면 오직 쉴 뿐!
오늘 그리고 평생 오직 할 뿐!

나를 대하는 규칙

- 절대 판단하지 않고 잘할 거라 잘될 거라 믿어준다.
- 순수한 마음과 행동을 늘 인정하고 크게 기뻐한다. 손뼉 친다.
- 잘못된 마음과 행동은 판단 없이 걱정하고 그것에게서 벗어나기를 간절히 바란다.
- 허물을 지적해서 괴로움을 주지 않는다.
- 항상 가장 좋게 보고 격려하는 말(생각)만 한다.
- 언제나 편하고 힘이 되고 의지할 수 있는 벗이 되어준다.
- 허물을 다 알지만 조건 없이 아껴준다.

제 은사 스님이 저를 바라보고 대하는 기준으로 저 자신을 대하는 규칙을 만들어 봤어요.

요즘 얼마나 헤매셨나요?

윤회는 헤매는 겁니다. 한 생각이 일어나서 그 생각이 이어가서 상상의 세계에서 한참 헤매요. 윤회는 상상뿐이며 중생의 죄는 생각을 굴리는 겁니다.

때로는 누가 죽을 만큼 미워요. 미움이 강박이 되어서 한참 미움에 빠지는 것은 지옥입니다. 불쑥 화가 나는 것도 지옥이며 살면서 지옥을 들락날락합니다.

욕망을 계속 부리는 것은 인간계를 경험하는 것이고 욕망을 충족시키려고 하는 것은 아귀계입니다. 대부분 사람은 욕망을 키우면서 욕망의 노예로 평생 고통 받으면서 살아요. 본질적으로 헛된 것이 욕망입니다.

좋은 일이 있을 때는 과대망상으로 천상계를 경험합니다. 자기가 특별한 줄 알고 이상으로 가득 차 있어요. 천상계에 있을 때는 기분 좋으니까 번뇌인 줄 몰라요.

누가 잘 나가는 꼴을 못 봐서 경멸하는 것은 아수라계입니다.

요즘 얼마나 헤매셨나요? 오늘은 얼마나 헤맬까요? 해탈은 헤매는 마음에서 정신 차리는 겁니다. 구름 낀 하늘이 개는 것처럼 명징한 정신이 돌아와요. 헤매는 것을 최대한 짧게 하고 그냥 사세요.

수행의 핵심

수행의 핵심은 붙잡지 않는 겁니다. 고통의 원인은 붙잡는 겁니다. 괴롭지 않고 싶으면 생각을 붙잡지 말아요.

잘나갈 때는 생각을 붙잡지 않아서입니다. 힘들 때는 생각을 붙잡아서입니다. 이렇게 간단한 거예요.

생각은 붙잡을 때 비로소 현실이 됩니다. 우리는 끊임없이 생각에 압도당합니다. 생각은 그만큼 강력한 힘을 가지고 있어요.

명상하는 이유는 생각을 감당하기 위해서입니다. 생각에 휘둘리지 않기 위해서입니다. 실체가 없는 생각의 본질을 깨닫기 위해서입니다.

생각을 붙잡은 것을 깊이 참회하세요. 생각을 붙잡지 않겠다고 약속하세요. 생각 없는 명료한 마음을 유지하세요.

우리는

우리는 폭력적인 생각은 있을 수 있지만 폭력적인 사람은 아닙니다. 평화로운 사람입니다.

우리는 비열한 생각은 있을 수 있지만 비열한 사람은 아닙니다. 고귀한 사람입니다.

우리는 탐욕스러운 생각은 있을 수 있지만 탐욕스러운 사람은 아닙니다. 관대한 사람입니다.

허물은 인정하되 결코 허물로 자기를 정의하면 안 됩니다. 본성으로 자기를 정의해야 합니다. 자기에게 있는 좋은 모든 것이 본성입니다.

우리는 무한하게 자비롭고 지혜롭고 평화롭고 훌륭합니다. 허물을 인정하고 너무 신경 쓰지 마세요. 허물에 빠지지 말고 무한한 선량함과 사랑인 자신에게 빠져 보세요.

내려놓는 게 수행입니다

생각을 똑바로 봅시다

생각만 내려놓으면 세상 어떤 것도 바꿀 필요가 없고 세상 어떤 사람
도 바꿀 필요가 없다.

모든 괴로움은 생각에서 비롯되며 생각을 접하는 방식이 잘못되었다.

생각이 알려주는 대로 있지 않고 생각을 객관적으로 접해야 한다.

생각이 보이지만 생각과 엉키지 않는다.

생각이 나타나지만 좋아하지도 싫어하지도 않는다.

생각이 일어나지만 있는 그대로 둔다.

생각이 있지만 집착하거나 거부하지 않는다.

생각을 똑바로 보지만 마음을 팔지 않는다.

생각을 명확하게 관찰하지만 중요성을 두지 않는다.

생각을 바라보지만 터치하지 않는다.

생각을 지켜보지만 담담하다.

생각을 객관적으로 목격한다.

생각에 빠지지도 않고 생각과 싸우지도 않고 생각 속에 그저 쉰다.

생각과 엉키면 고통이 되고 그저 관찰하면 생각의 실상을 알게 된다.

이게 수행의 진수이다.

허전함을 채우는 방법

뭘 해도 채워지지 않은 평생 있었던 굶주림이 있어요. 돈과 연애, 감각적인 즐거움으로 잠시 채워지는 것 같지만 오히려 굶주림이 더 심해져요. 사랑과 행복에 굶주린 우리는 허전함을 엉뚱하게 채우려고 합니다.

평생 찾았던 행복과 사랑은 바로 자신 자체입니다. 자신을 찾을 때까지 채워지지 않아요. 참된 자신을 찾는 방법은 내면에 상처받은 아이를 찾는 겁니다. 보기 싫고, 부인해서 무의식으로 밀어낸 억울하고 우울하고 분노하는 아이가 있어요. 그 아이를 없애려고 해서 계속 분리된 상태로 살고 있어요. 그 아이를 사랑으로 껴안아 줄 때 진실한 자신이 됩니다. 모든 상처는 분리감이고 모든 치유는 통합입니다.

사랑과 행복을 찾는 마음은 순수하지만 잘못 찾아서 집착과 중독과 고통이 만들어졌어요. 집착과 중독과 고통 밑에 있는 굶주린 아이를 찾는 방법은 명상과 상담입니다. 그 외에도 여러 통로로 자신의 본성인 사랑이 찾아달라고 외치고 있어요. 고통의 메시지를 잘 해석하고 사랑의 소리를 제대로 들으려면 알아차림이 필요합니다. 명상하십시오. 매일 매일 본성의 사랑으로 자신을 채우십시오.

내려놓는 게 수행입니다

정상입니다

우울하세요? 불안하세요? 기운이 없고 몸이 허약하세요? 정상입니다!

지금 사는 시대와 사회가 몸을 허약하게 하고 마음을 불행하게 합니다. 사회의 정신적 압박으로 스트레스가 많고 휴대전화 때문에 마음은 초조하고 몸은 게으르고 환경과 음식에 독이 많아서 기운이 나지 않아요. 너무 잘 살지만 너무 불행하고 좋은 게 너무 많지만, 몸이 안 좋아요. 현대사회의 현실입니다.

조금이라도 우울하지 않으면 불안하지 않으면 조금이라도 기운이 있으면 조금이라도 수행할 수 있다면 너무나 잘하고 있고 공덕이 많아요. 기준을 낮춰야 합니다.

병과 불행이 정상이 되었어요. 작게나마 잘하고 있으면 스스로 기뻐하세요. 수행하기 어려운 시대에 수행하고 있다면 공덕이 엄청 크다고 합니다. 힘내세요. 나름 잘하고 있어요.

안팎이 하나입니다

안팎이 둘이 아닙니다. 누가 미우면 자신이 미운 거예요. 인정하지 못한 자신의 미운 면이 남에게 보여요. 미운 놈이 안 미울 수 있다면 자신의 미운 면이 치유될 수 있어요. 자신의 미운 면을 인정할 수 있다면 미운 놈이 더 이상 밉지 않아요. 안과 밖이 둘이 아니기 때문입니다.

남에게 보이는 허물은 인정하기 싫은 자신의 허물입니다. 허물은 자신에게 숨어 있어요. 허물을 밝히고 인정하는 것이 업장소멸입니다. 그런데 가혹하게 하면 안 돼요. 친절하게 자비롭게 해야 합니다. 인식과 비난을 분리할 줄 알아야 합니다.

미운 놈은 인간의 형태로 걸어 다니는 자신의 그림자입니다. 그분이 바로 당신입니다. 그림자를 통합하고 싶으면 미운 놈을 사랑하십시오. 미운 놈을 사랑하고 싶으면 내면의 미움을 들여다보십시오. 보기 싫고, 부인해 왔던 자기 모습을 사랑으로 껴안아 줄 수 있다면 미운 놈이 없어요. 안팎이 하나입니다.

가슴을 따르라

자기 삶을 살아라. 남의 삶을 살지 마라. 다른 사람이 기대하는 것을 하지 말고 자기를 행복하게 하고 잘하는 것을 하라. 남들은 자기를 모른다. 오직 자기만 자기를 안다.

자기가 원하는 사람과 결혼해라. 결혼은 어려울 수 있지만 적어도 자기 선택이어야지.

자기 시간과 돈을 자기가 원하는 것에 써라. 자기 삶을 살기에 절대로 늦지 않았다. 가슴을 따르라. 가슴은 결코 잘못된 길로 이끌지 않는다.

내려놓는 게 수행입니다

단점 대신 장점

불교에서는 자기 비하를 게으름이라고 해요. 못 하는 것에 마음을 뺏기지 말고 할 수 있는 것을 노력하세요. 나쁜 버릇을 고치려고 하는 대신에 좋은 버릇을 만들고 키우세요. 단점 대신 장점에 초점을 맞추세요. 허물은 환영이고 성품은 실상이라 환영을 집착하지 말고 실상에 익숙해지세요.

단순한 마음

무료함을 참지 못해서 세상의 모든 안 좋은 일이 생긴다고 합니다. 휴대전화로 순식간에 바뀌는 정보와 내용을 끊임없이 접하면서 뇌에 큰 손상이 생기고, 무료함을 더욱 견디지 못하게 됩니다.

그래서 우리는 무료하게 사는 법을 배워야 합니다. 무료하게 밥을 먹고, 무료하게 산책하며, 무료하게 그냥 앉아 있고, 무료하게 보고 듣고 느끼는 법을 배워야 합니다.

휴대전화와 떨어져 있는 시간이 많을수록 더 좋습니다. 감상의 예술을 배우고, 작은 행복을 누리세요. 자극과 자극 사이, 생각과 생각 사이에 있는 공백과 함께하는 법을 배워야 합니다.

행복한 삶은 단순한 삶이고, 행복한 마음은 단순한 마음입니다.

행복은 매 순간입니다

행복은 매 순간입니다

다르다, 새롭다, 고맙다

좋다, 나쁘다 이렇게 보지 말고 다르다, 새롭다, 고맙다 이렇게 보세요. 실제로 좋은 것도 나쁜 것도 없어요. 다 보는 눈일 뿐이에요.

좋다고 하는 일이든 나쁘다고 하는 일이든 똑같이 "고맙다"라고 하세요. 사실은 안 좋다고 하는 일에 고마울 게 더 많아요.

원치 않는 경험을 할 때 나쁘다고 집착하면 오래가고 마음이 괴로워요. 그런데 다르다, 새롭다, 고맙다 이렇게 받아들이면 금방 풀리고, 경험의 무상하고 근원 없는 본질을 알게 돼요.

느낌도, 기분도, 감정도, 생각과 모든 현상도 분별하지 않고 그저 경험인 줄 알고, "다르다, 새롭다, 고맙다"라고 보는 눈을 연습하세요. 신경 회로를 재구성해서 현상을 바르게 보게 되면 세상에서 나쁜 게 하나도 안 보여요. 좋고 나쁨을 넘어서 다 경이로워요!

행복은 매 순간입니다

고통을 알아차리는 것

행복해지려면 고통에 대한 태도와 접하는 방식을 바꿔야 합니다. 고통 그 자체보다 고통을 두려워하고 거부하며 저항하는 마음가짐이 고통을 못 견디게 합니다.

고통을 꼭 나쁘게 볼 필요는 없어요. 행복보다 고통의 이점이 훨씬 많습니다. 행복보다 고통에서 배울 게 훨씬 많아요. 그래서 도인은 행복보다 고통을 더 선호합니다. 고통을 경험함으로써 행복의 가장 중요한 조건인 자비심을 기를 수 있어요. 같은 고통을 겪는 사람들에 대한 연민이 저절로 생깁니다.

고통을 꼭 고통스럽게 겪을 필요는 없어요. 고통은 어쩔 수 없지만 괴로움은 선택이에요. 수용하는 고통은 괴롭지 않습니다. 예를 들어 불가마에 갔을 때 엄청 뜨겁지만 받아들여서 괴롭진 않잖아요. 고통도 열린 마음으로 알아차리며 겪어보세요. 훨씬 가볍고 괜찮고, 보람도 있습니다. 그러다 보면 고통이 이내 지나가는 실체 없는 본질을 알게 되고, 고통의 원인에 대한 통찰도 생길 수 있어요.

고통을 나쁘게 보지 말고 기꺼이 받아들이면 고통이 행복의 원인이 됩니다. 그냥 겪는 고통은 더 많은 고통을 만들지만, 고통을 알아차리는 것은 행복을 만듭니다.

에고의 정체

에고는 엄청 예민합니다. 누가 살짝 안 좋은 말을 해도 마음이 올라오고 생각을 놓지 못해요.

'왜 그런 말을 했지? 나는 잘못한 게 없는데.' 이런 식으로 쓸데없이 아집을 부립니다. 너무 사소한 건데도 너무 크게 생각해요. 맨날 똑같이 자기를 보호하고 방어하려는 불만 가득한 에고의 습관이에요.

에고의 정체를 똑바로 볼 줄 알면 마음이 놓여요. 아집을 내려놓는 게 보통 일이 아니지만, 할 수 있다면 무엇보다 훌륭한 수행이 됩니다. 이런 수행은 어렵기 때문에 불교에서는 고행이라고 합니다.

행복은 매 순간입니다

참된 승리

무상(無常)을 아는 것은 우리를 해방시킵니다. 좌절과 같은 원치 않는 감정이 일어날 때, 보통 그 감정에 휩쓸려 다운됩니다. 그러나 좌절은 피곤함과 같은 특정한 조건에서 일어나며, 영원하지 않다는 사실을 알아차리면 우리를 괴롭힐 수 없어요.

스스로에게 이렇게 말할 수 있습니다.
"몸이 몹시 피곤해서 이런 기분이 드는 것일 거야. 내일 아침에는 완전히 다를 거야."
이것이 감정을 올바르게 인식하는 방법입니다.

모든 감정은 오래 가지 않기 때문에 궁극적으로 있지 않아요. 이생과 이 몸 또한 실제로 존재하지 않아요. 그것들이 없어서가 아니라, 지속되지 않기 때문입니다. 지속되지 않는 것은 허깨비와 같아 실제로 있는 것이 아닙니다.

모든 고통은 무상한 현상을 영원한 것으로 착각하는 무지에서 비롯됩니다. 무상을 이해한다는 것은 곧 자아와 모든 현상의 실체 없음, 즉 공성(空性)을 이해하는 것입니다.

과거의 모든 드라마, 기쁨과 슬픔, 오르내림과 산전수전은 다 어디로 갔을까요? 공성에서 일어나 공성으로 돌아갔어요.

감정을 극복한다는 것은 그것의 일시적이고, 허망하며, 실체 없는 본질을 아는 것입니다. 이것이 참된 승리입니다. 그러므로 오늘, 당신은 감정에 여전히 패배할까요? 아니면 승리할 수 있을까요?

행복은 매 순간입니다

마음을 비우면 알게 되는 것들

힘 빼고 살아요.

매 순간 긴장을 풀고 마음을 비워요.

힘을 빼면 마음은 저절로 생각으로부터 비워집니다.

마음을 비우면 알아야 할 것을 알고, 해야 할 일을 하게 됩니다.

이해와 연민

다른 사람을 고칠 수는 없습니다.

고치려 하면, 그에게도 자신에게도 괴로움만 커집니다.

사람은 각자의 업으로 생각하고, 말하고, 행동합니다.

다른 사람의 행동에 화를 내는 것은

불이 뜨겁다고 화를 내는 것과 같습니다.

불이 원래 그런 것처럼,

그 사람도 원래 그런 것입니다.

다르기를 바라는 마음은

불이 뜨겁지 않기를 바라는 것과 같습니다.

이 사실을 이해하고 내버려두세요.

"어쩔 수 없이 자기 업으로 하는구나."

그렇게 이해하면 마음이 풀립니다.

이해와 연민은 결국 같은 것입니다.

행복은 매 순간입니다

연습, 연습

행복은 연습입니다. 구체적으로는 '받아들임'의 연습입니다. '알아차림'과 '자비심'의 연습입니다. 연습이 부족해서 행복하지 못 해요.

행복은 습관입니다. 연습을 충분히 하지 못해서 행복한 습관이 없고, 행복하지 못한 겁니다.

고통도 연습입니다. 구체적으로는 생각을 굴리는 연습입니다. 받아들이지 못하는 연습, 집착하는 연습입니다.

고통은 습관입니다. 연습을 너무 많이 해서 습관이 되어 불행한 겁니다.

연습, 연습, 연습!

어떤 것도 연습으로 쉬워지고 잘하게 됩니다. 지금 고통이 습관이 된 것처럼, 행복도 연습으로 습관이 될 수 있어요. 무슨 일이 있어서 불행한 게 아니라, 불행을 연습해서 불행해지고 불행한 습관을 키우게 됩니다. 무슨 일이 있어서 행복한 것이 아니라, 무슨 일이 있더라도 행복을 연습하면 행복해지고 행복한 습관을 키우게 됩니다. 무슨 일이 있더라도 행복을 연습하세요. 긍정의 태도를 잃지 않고 받아들이면 날마다 좋은 날이 됩니다.

행복은 매 순간입니다

나쁜 습관을 다스리는 세 가지 방법

프라이팬은 뜨거울 때 닦기 좋은 것처럼, 나쁜 습관도 당길 때 닦을 수 있어요. 습관은 몸에 밴 것이기 때문에, 몸에서 먼저 당겨요. 그럴 때 사용할 수 있는 세 가지 방법을 소개합니다.

1. **기다림**

   몸에서 당길 때, 마음을 다른 곳으로 돌려 잠시 기다려 보세요. 유혹은 대부분 잠깐이며, 시간이 지나면 자연스럽게 사라집니다. 이를 '10분 규칙'이라고도 하는데, 10분만 기다려 보고 그래도 여전히 당긴다면 다른 방법을 써보세요.

2. **교체**

   나쁜 습관을 좋은 습관으로 바꾸어 같은 만족감을 느껴 보세요. 예를 들어 불량식품이 당길 때는 몸에 좋은 음식을 먹어 포만감을 얻는 겁니다. 낮은 차원의 만족을 대신해, 높은 차원의 만족으로 전환하는 것이지요. 해가 되는 것을 도움이 되는 것으로 바꾸는 연습입니다.

3. **적당히**

   기다려도 당기고, 교체도 통하지 않을 때는 '적당히 빠져주기'도 방법이에요. 예를 들어 알코올이 계속 당기고, 다른 것으로 대신하기도 어렵다면 아예 끊지도, 과하게 마시지도 말고 적당히 마시는 것이 좋아요. 자신에게 너무 엄격하지도, 너무 관대하지도 않게 친절의 한가운데, 중도(中道)를 지켜보세요.

이 세 가지 방편으로 나쁜 습관의 힘을 조금씩 약하게 하다 보면, 결국 온전히 놓아버릴 수 있을 거예요.

행복은 매 순간입니다

앉아라

앉기 위해 살아라.

남은 인생, 할 게 뭐가 있나?

방석에 앉아라.

자신을 돕고 세상을 돕기 위해, 이보다 더 긴급하고 이보다 더 숭고한 일은 없다.

방석에 앉아 가만히 있으면서 아무것도 하지 않을 수 있는 것이 가장 위대한 초능력이다.

그것은 생명력을 되살린다.

그저 앉는 그 자체에서 기쁨과 즐거움을 찾아라.

앉기 위해 쉬어라.

피곤하면 누워 쉬어라. 그리고 쉬고 나서 앉아라.

앉기 위해 일하라.

할 일이 있다면 마치고 앉아라.

앉기 위해 먹어라.

배가 고프면 먹어라. 그리고 먹고 나서 앉아라.

언제나 마음 한켠에 앉는 일을 삶의 가장 중요한 목표로 두어라.

최소 1만 시간 앉아라. 앉기의 달인이 되어라.

평생 안거(安居).

앉기 위해 살아라.

행복은 매 순간입니다

내비도

자식도, 배우자도, 도반도, 제자도 숨 쉴 수 있게 공간을 주세요. 자기 길을 찾을 수 있도록 배려해 주세요. 자기 삶을 살 수 있도록 내버려두세요.

통제하려 하지 말고, 고치려 하지 마세요. 있는 그대로 아껴주고, 이해해 주고, 격려해 주세요. 앞에서 이끌지 말고, 뒤에서 든든히 서포트해 주세요.

결코 버리지 말고, 결코 포기하지 말고, 그저 내버려두세요. 사랑으로 내버려두세요.

엄마의 가장 높은 도, 내비도.
아름다운 섬, 내비도 우리 거기서 만나요.

세 가지 종류의 생각

1. **표면적인 생각**(surface thoughts)

   감각적 자극으로 일어나는 좋고 싫은 거친 생각들입니다. 습관적으로 반응하며 상호 작용하는 이 생각들은 알아차리기 어렵지 않습니다. 눈에 잘 띄는 파도처럼 마음의 표면에서 일어나고 사라집니다.

2. **생각의 밑바닥 흐름**(undercurrent of thought)

   알아차리지 못한 채 늘 흐르고 있는 미세한 마음의 잡음입니다. 거친 생각이 사라진 뒤에도 몰래 작동하는 미세한 개념적 흐름으로, 더 깊은 마음의 차원에서 움직이기 때문에 쉽게 인식되지 않습니다. 이 흐름은 '명상의 도둑'이라 불립니다. 표면적인 생각이 고요해졌을 때, 이 밑바닥 흐름을 알아차리는 것이 마음의 참된 본성으로 들어가는 관문이며, 그것을 인식할 수 있다는 것은 이미 상당히 깊은 마음의 경지에 이르렀다는 뜻입니다.

3. **주체와 객체에 대한 미묘한 개념**(subtle conceptual sense of subject and object)

   명상 중 자유롭고 빛나는 알아차림이 드러날 때도, 아주 미묘한 수준에서 '내가 명상하고 있다', '이것이다!'와 같은 주체와 객체의 미세한 분별이 남아 있을 수 있습니다. 이것이 바로 마음의 참 본성을 가리는 마지막 장막입니다. 많은 이들이 이 상태를 삼매라고 생각하지만, 참된 삼매는 이 미묘한 주객의 분별마저 완전히 사라진 순수한 알아차림의 경지입니다.

- 툴쿠 우르겐 린포체 가르침에서

자유롭게 살아라

자유롭게 살아라.

그 어떤 것도 붙잡지 말아라.

자신을 믿어라.

'자기'란 머리로 이해할 수 있는 것이 아니다.

형태도 없고, 구체적인 특징도 없는, 개념을 넘어선 마음자리다.

무엇을 유지하려 하지 마라.

그것 또한 집착이다.

무엇을 원하거나 바라지 마라.

그것 역시 집착이다.

집착은 윤회이며, 구속이다.

그저 알아차림이 자연스럽게 일어나게 하라.

짧게, 자주, 그저 인지할 뿐이다.

자발성이 부처님이다.

행복은 매 순간입니다

매 순간, 모든 것을 놓아라.

기억하려 하지 마라.

마음에 꼭 두어야 할 것은 아무것도 없다.

붙잡으려는 유혹을 내려놓아라.

그 어떤 것도 의지하지 마라.

그리하면 참된 의지처가 드러날 것이다.

찾지 않으면, 오히려 찾게 될 것이다.

그 어떤 것도 의지할 필요도, 붙잡을 필요도 없다.

지킬 것도, 버릴 것도 없다.

알 것도, 할 것도 없다.

얼마나 자유로운가.

얼마나 홀가분한가.

자유롭게 살아라.

갈레 갈레

'갈레 갈레(ཀ་ལེ་ཀ་ལེ)'는 티베트어로 '조금씩 조금씩, 천천히 천천히, 점차 점차'라는 뜻입니다.

스승들이 자주 하시는 말씀으로, 수행의 길에서는 천천히 가는 것이 가장 빠른 길이라고 합니다.

수행의 큰 장애 중 하나는 수행에 대한 욕심입니다. 욕심으로 무리하게 하다가 지쳐서 아예 안 하는 일을 반복하다 보면, 수행의 진전이 없습니다. '도 아니면 모'라는 식의 극단적인 태도를 가진 사람은 삶에서도, 수행에서도 실패하기 쉽습니다.

수행은 나무를 키우는 것과 같습니다. 하루하루의 변화는 잘 보이지 않지만, 어느새 크게 달라져 있습니다. 수행은 평생의 여정이기에, 처음부터 너무 빨리 가면 지치고 소진되기 쉽습니다.

속도보다 중요한 것은 지속성입니다. 천천히 가더라도 멈추지 않고 계속 가는 것이 중요합니다. 마음을 편히 가지고 가면 그 길이 즐겁고, 즐거움이 있으면 '해야 한다'는 생각 없이 자연스럽게 하게 됩니다. 수행은 억지로 애써서 하는 것이 아니라, 자연스럽고 즐겁게 할 때 가장 잘 이루어집니다.

행복은 매 순간입니다

불안은 망상

불안을 경험할 때는 안 좋은 일이 일어날 것처럼 느껴지지만, 사실 환상일 뿐입니다. 불안은 종종 신체 상태, 즉 신경계의 상태에서 비롯됩니다. 커피 같은 자극물도 불안을 유발할 수 있어요. 몸의 상태가 불안정하면 무엇이 잘못될 수 있을지 생각하기 시작합니다. 신경계가 불안할 때 마음은 현실과는 전혀 상관없는 온갖 부정적인 시나리오들을 만들어냅니다.

불안은 신체 상태나 특정한 상황, 또는 마음속 기억들 때문에 촉발될 수 있어요. 불안을 경험할 때 마음이 만들어내는 재난의 환상이 사실이 아니라는 것을 기억해야 합니다. 생각을 객관적으로 바라보고 믿지 않으면, 생각들이 우리를 힘들게 할 수 없어요.

두려움은 여기 순간에 실제적인 위험에서 생기지만, 불안은 망상에 기반합니다.

찾기를 멈출 때

우리는 고통밖에 없는 곳에서 행복을 찾고 있어요.
불순밖에 없는 곳에서 순수를 찾고 있어요.
무상밖에 없는 곳에서 영원을 찾고 있어요.
불완전밖에 없는 곳에서 완전을 잡고 있어요.
불안정밖에 없는 곳에서 안정을 찾고 있어요.

　찾기를 멈출 때 행복과 순수와 영원과 완전과 안정을 발견하게 됩니다. 외부의 어떤 대상이나 이 세상에서 얻어지는 것이 아닙니다. 멈춤 자체에서, 내면세계의 무한한 고요함 속에서 드러납니다.

행복은 매 순간입니다

명상의 핵심이자 전부

제삼자의 시선처럼 마음을 객관적으로 계속 지켜보아야 합니다. 그렇지 않으면 마음은 미친 원숭이처럼 제멋대로 날뛸 겁니다.

생각이 번져 나가지 않도록, 늘 알아차림과 선함의 범위 안에 머물게 해야 합니다. 이것이 명상의 핵심이자 전부입니다.

사람을 물려고 달려드는 개에게 목줄을 잡아주는 것과 같습니다. 그목줄은 마음이 멀리 떠돌지 않도록 잡아주는 아쁘라마다(apramāda, 불방일: 주의·신중함)를 상징합니다. 그리고 그 개를 계속 눈으로 지켜보는 것은 삼쁘라쟈나(samprajñāna, 정지: 지혜로운 관찰)를 상징합니다.

이를 위해서는 마음을 지켜보겠다는 의도를 늘 간직해야 합니다. 24시간 아이를 돌보듯 마음을 지켜보아야 합니다. 마음을 놓아두면 반드시 우리를 곤란에 빠뜨립니다. 의도의 힘이 곧 명상의 힘입니다.

또한 알아차림이 일어나는 순간들을 기록하듯 확인해야 합니다. 산만해졌다가 알아차림이 돌아올 때마다 마음속으로 짧게 메모하는 것과 같아요. 이렇게 알아차림을 확인할수록 알아차림은 더욱 선명해지고 더 자주 일어납니다. 핵심은 짧게, 그러나 자주 알아차림을 확인하는 겁니다.

마음

나는 연인이 필요 없다. 평생 찾았던 사랑을 내 안에서 찾았다. 참본성에 반했다. 나의 영혼은 이미 원만하여서 솔메이트가 필요 없다.

나는 친구가 필요 없다. 알아차림보다 더 훌륭한 벗이 있는가. 내면의 진정한 친구는 항상 도움이 된다.

나는 오락이 필요 없다. 마음이 충분히 재미있기 때문이다. 화면을 볼 필요가 없는 이유는 안에 마음의 화면을 즐기고 있기 때문이다.

나는 스승이 필요 없다. 가장 훌륭한 교훈은 안에서 얻는다. 본연의 지혜가 나의 스승이다.

마음을 보고 있어서 행복하다. 마음과 함께 해서 외롭지 않다. 마음을 보는 것 말고는 할 게 없다. 마음은 완벽한 배우자, 최고의 친구, 가장 위대한 스승이다.

3가지 화두

- **오직 모를 뿐!** 머리에서 나오라는 말입니다. 에고는 머리에 살고 있어요. 에고의 작동 방식은 통제 즉 붙잡는 겁니다. 몰라도 되는 마음으로 살아보세요. 매 순간, 오직 모를 뿐!

- **오직 할 뿐!** 생각하면 못 하고 그냥 하면 할 수 있어요! 머리에서 나와서 몸으로 움직여요. 우리는 전략과 계획은 많은데 행동이 부족해요. Just do it! 그냥 일어나고 그냥 방석에 앉고 그냥 기도하고 그저 깨어있고 그저 수행하고 그냥 운동하고 그냥 그저! 그저 그냥! 오직 할 뿐!

- **오직 아낄 뿐!** 왜 사람을 아껴요? 거기 있으니까요. 지금 같이 있는 사람을 반겨 주세요. 아껴주세요. 왜요? 옆에 있으니까요. 자식을 안아주세요. 왜요? 그냥! 사랑할 이유가 필요한가요! 오직 아낄 뿐!

행복은 매 순간입니다

행복이란

우리는 진정 뭐가 행복인지 뭐가 고통인지 몰라서 행복을 원하지만, 행복을 버리고 고통을 좇아다녀요.

감각적인 일시적인 즐거움은 행복이 아니라 본질적으로 괴롭고 괴로움으로 이끌고 우리를 노예로 만드는 고통으로 변하는 너무나 하찮은 가짜 행복이에요. 청정한 삶 말고는 행복이 없어요.

돈은 칼에 묻은 꿀과 같아요. 달콤하지만 위험하고 집착해서 업을 쌓고 결국 괴로워요. 돈은 무상하고 실제로 있는 것도 아니고 개념뿐이고 허상이에요. 꼭 필요한 것만 사고 보시하는 게 최선이에요.

다른 사람의 인정과 칭찬은 메아리처럼 헛말뿐이에요. 집착해서 오만하고 괴로울 뿐입니다. 남의 인정을 애원하면서 자랑하는 것은 남들을 피곤하게 할 뿐이고 좋은 결과가 없어요.

자기 이미지와 평판을 집착해서 명예를 키우고 보호하는 자체가 얼마나 괴로운 줄 모르고 평판이 안 좋아질까 봐 늘 두려움 속에 살아요. 명예는 아무 가치가 없고 실제로 있는 것도 아니에요.

왜 고통을 좋아하죠? 왜 고통을 집착하죠? 진정 뭐가 행복인지 뭐가 고통인지 몰라서입니다. 이제는 어려운 악업을 버리고 수월한 선업과 마음공부의 확실한 행복으로 살아요.

-자신을 위한 충언

행복은 매 순간입니다

내려놓는다는 것

나는 아무것도 의지하지 않아서 모든 것이 나를 지탱합니다.

나는 자신을 고치려고 하지 않아서 이대로 행복합니다.

나는 다른 사람을 고치려고 하지 않고 그들은 그대로 사랑스러워요.

나의 길은 Surrender.

나의 귀의처는 Surrender.

나의 계율은 Surrender.

애쓰지 않기 때문에 모든 것이 쉽습니다.

말할 수 없는 공성 말고는 의지할 게 없어요.

항상 온전히 열려 있어요.

항상 새로워요.

행복이 길입니다.

자유가 길입니다.

열려 있음이 길입니다.

공성이 길입니다.

행복은 매 순간입니다

말은 적게

인사는 따뜻하게
자세는 겸손하게
행동은 신중하게
일은 철저하게
태도는 밝게
말은 적게
보시는 관대하게
생각은 바르게
마음은 너그럽게
옷은 소박하게
발원은 무한하게
매너는 온화하게
성격은 인자하게
신발은 편하게
환경은 깔끔하게
가치관은 완고하게
결심은 확고하게
약속은 확실하게
수행은 지칠 줄 모르게
하는 겁니다.

행복은 매 순간입니다

고통은 전환점

모든 어려움은 전환점입니다. 올라가는 길과 내려가는 길로 갈라지는 중대한 갈림길입니다. 힘들다고 하면 에고 때문입니다. 에고를 넘을 수 있으면 올라가고 에고를 따라가면 내려갑니다.

아집을 넘는 것이 너무나 어려워요. 해온 대로 하지 않는 것이 너무나 어려워요. 자존심을 삼키기가 너무나 어려워요. 억울함을 내려놓기가 너무나 어려워요. 세상에서 가장 어려운 일이에요. 하지만 할 수 있다면 고통이 행복으로 전환되고 마음의 변화가 와요.

행복은 매 순간입니다

훌륭한 스승

연꽃은 진흙에서 피어요.
행복은 고통에서 피어요.
지혜는 번뇌에서 피어요.
변화는 슬픔에서 피어요.

고통을 외면하는 것이 현대사회에 만연하는 질병입니다. 고통을 직면하면 고통의 일시적이고 실체가 없는 본질을 경험합니다. 이게 지혜입니다. 고통을 직면하면 나와 똑같이 고통받고 있는 이들에 대한 연민심을 갖기가 쉬워요. 이와 같이 고통을 지혜와 자비로 탈바꿈하는 것을 배워야 합니다. 도망가지 않으면 고통보다 더 훌륭한 스승이 없어요.

행복은 매 순간입니다

부록

세첸코리아명상센터 기도집에서 발췌했습니다.

자유롭고 편안하게

겐둔 린포체의 오도송

행복은 대단한 노력과 의지로 찾는 것이 아니다.
자유로운 편안함과 버림 속에 이미 존재한다.

너무 애쓰지 마라.
특별히 하거나 하지 말 것이 없다.
마음에서 잠깐 일어나는 생각은
전혀 중요하지 않다.
실체가 없는 것이다.
동일시해서 집착하고 판단을 내릴 필요가 있겠나.
이런 놀이는 저절로 일어나게 두는 게 좋다.
파도처럼 일어나고 가라앉는다.

무엇을 바꾸거나 조작하지 마라.
마법처럼 사라지고 다시 나타난다.
끝없이 사라지고 나타나는 것을 알아차려 보아라.

다만 행복을 찾고 있는 마음 때문에
잘 보이지 않는다.
행복을 찾는 마음은
잡을 수 없는 무지개를 뒤좇는 것이나
개가 꼬리를 좇는 것과 같다.

행복과 평화는

어떤 것이나 어떤 곳이라고 할 수 없지만

항상 가능한 것이고 매 순간 우리와 함께한다.

좋은 경험, 안 좋은 경험의 허위에 속지 마라.

오늘 날씨나 무지개와 같다.

잡을 수 없는 것을 잡으려고 하여 쓸데없이 지친다.

꽉 잡으려고 하는 주먹을 풀고 힘을 빼는 순간,

자유롭고 편안하고 무한한 하늘이 있다.

이 한없는 허공과 자유와 자연스러운 편안함을 즐겨라.

더 이상 찾지 마라.

집에 둔 코끼리를 숲속에서 찾지 말아라.

할 것이나 말 것이 없다.

억제할 것 없다.

원하는 것 없다.

빠진 것도 없는 것이다.

에마호! 경이로움!

모든 것이 저절로 일어나네.

용기

초판 1쇄 발행 ｜ 2026년 1월 28일

지은이　　용수
펴낸이　　이정하
표지그림　황수연
디자인　　정연경

펴낸곳　　스토리닷
주소　　　서울시 서초구 남부순환로297나길 45 301호
전화　　　010-8936-6618
팩스　　　0505-116-6618
ISBN　　ISBN 979-11-88613-62-5 (03220)

홈페이지　blog.naver.com/storydot
SNS　　　www.facebook.com/storydot12
인스타그램　@storydot
출판등록　2013. 09. 12 제 2013-000162

스토리닷은 독자 여러분과 함께합니다.
책에 대한 의견이나 출간에 관심 있으신 분은 언제라도 연락주세요.
반갑게 맞이하겠습니다.